나중에 후회 없는
초등 학부모 생활

아이에게
미안하지 않고

나중에 후회 없는 초등 학부모 생활

그 질문에 선생님이 답합니다

해피이선생 지음

사람in

머리말 10

PART 1 학부모가 가장 궁금해하는 초등 생활의 모든 것

Chapter 1 독서 질문: 초등 때는 독서가 핵심 맞나요?

- 책 읽는다고 공부 잘하나요? 16
- 만화가 아니면 책을 읽지 않아요 19
- 추천하는 만화책이 있나요? 22
- 자기 할 일은 안 하고 책만 읽으려고 해요 25
- 편독이 너무 심해서 다른 분야의 책은 거들떠보지 않아요 27
- 아이들에게 추천하는 독서 방법이 있나요? 31
- 읽기 독립! 언제 어떻게 하는 게 좋을까요? 34
- 아이가 너무 싫어하는데 독후활동을 꼭 해야 하나요? 38

Chapter 2 생활 질문: 상상 속의 우리 아이 vs. 실제 우리 아이

- 수업 시간에 선생님 말씀이 어렵대요 — 42
- 학교가 시시하다는 아이, 도대체 왜 그럴까요? — 44
- 학교 가기 싫다는 말을 자주 해요 — 48
- 교과서가 필기한 흔적 없이 깨끗해요 — 51
- 선생님이 자기를 싫어한다고 하는데, 연락해서 여쭤봐야 할까요? — 54
- 친구들이 모둠활동에서 끼워주지 않는대요 — 57
- 아이가 친구에게 맞고 왔어요. 친구 부모에게 바로 연락해도 되나요? — 60
- 아이끼리 싸웠는데 상대 아이 부모가 학폭위를 열겠다는데 어떻게 진행되나요? — 62
- 스마트폰을 사달라고 떼를 쓰는데 어떻게 설득해야 할까요? — 66
- 아이가 스마트폰 중독인 것 같아요 — 68
- 아이돌 가수에게 심하게 빠져 있어요 — 71
- 집이 아니면 화장실을 못 가는데 어쩌죠? — 74
- 아이가 편식이 심한데 선생님이 억지로 먹게 하신대요 — 77
- 학년별로 용돈은 얼마가 적당할까요? — 80
- 아이가 학급 임원·전교 어린이 회장 선거에 나가고 싶어 해요 — 83
- 차상위 계층 혜택 신청을 선생님이 다 알게 되나요? — 85

Chapter 3 학습 질문: 정말 초3 때부터 격차가 벌어지기 시작하나요?

- 한자 급수를 따게 해야 할까요? — 88
- 초등 고학년, 중학교 수학 선행학습을 시켜야 할까요? — 91
- 아이가 책상에 단 10분을 제대로 앉아 있지 못해요 — 94
- 아이가 너무 소극적이고 친구도 없는 것 같아서 걱정스러워요 — 96
- 아이가 이것저것 다 배우고 싶다며 학원을 못 끊게 해요 — 99
- 아이가 글쓰기를 정말 싫어해요 — 101
- 아이가 물을 무서워하는데 생존 수영 수업에 빠질 수 있을까요? — 104

- 교과 학원을 보내는 적절한 시점이 언제일까요? 107
- 한국사능력검정시험을 봐야 하나요? 109
- 논술·과학 학원에 보내야 할까요? 112
- 자기주도학습을 할 수 있도록 어떻게 이끌어줘야 할까요? 115
- 학년별 자습 시간을 얼마나 잡아야 할까요? 119
- 영재 학급·영재원 교육이 상급학교에 갈 때 도움이 될까요? 121
- 아이가 점수에 너무 연연하고 틀리는 것을 못 참아요 124
- 가정에서 아이의 진로 및 적성 교육은 어떻게 하면 좋을까요? 126
- 유튜버가 꿈인 아이, 괜찮을까요? 131
- 아이가 느린 학습자인 것 같아요 135
- 외국에서 학교를 다니고 있는데 한국에 들어갈 예정입니다 138
- 옆집 아이가 외부에서 주는 상을 받았대요 140
- 아이 글씨체가 너무 엉망이에요 143

Chapter 4 학교와 부모 관계 질문: 너무 가깝지도 너무 멀지도 않게

- 고학년 아이의 공개수업에 꼭 참석해야 하나요? 148
- 담임 선생님과 상담할 때 요령이 따로 있을까요? 151
- 전화 상담을 하면 무성의한 부모로 보일까요? 156
- 1학기 학부모 상담 때는 무엇을 물어봐야 할까요? 158
- 2학기 학부모 상담 때는 무엇을 물어봐야 할까요? 161
- 아이의 단점을 선생님과 공유하는 것이 좋을까요? 166
- 아이 성적표에 온통 좋은 글만 있는데 그대로 믿어야 할까요? 168
- 선생님이 성적표에 아이에 대해 안 좋게 쓰셨는데 연락해야 할까요? 171
- 아이가 임원이면 부모가 학교 일을 꼭 해야 하나요? 173
- 이상적인 교사와 학부모의 관계는 무엇일까요? 175
- 담임 선생님에게 부모의 이혼 사실을 이야기하는 것이 좋을까요? 179

Chapter 5 아이의 사춘기 질문: 요즘은 사춘기도 빠릅니다

- 남자(여자) 아이가 저희 아이에게 갑자기 뽀뽀를 했대요 　　　　182
- 《사춘기와 성》이란 책을 너무 탐독하는데 괜찮을까요? 　　　　184
- 초등 성교육, 부모가 집에서 어떻게 접근해야 할까요? 　　　　187
- 이성친구와 사귀기로 했다는데 그냥 놔둬도 될까요? 　　　　190
- 아이가 친구들과 어울리다 성에 관련된 욕설을 했어요 　　　　193

Chapter 6 담임 선생님 질문: 가깝지만 거리가 필요합니다

- 싫은 아이와 같은 반이 되지 않도록 부탁해도 될까요? 　　　　196
- 담임 선생님이 너무 마음에 안 들어서 다른 반으로 옮기고 싶어요 　　　　198
- 담임 교사 배정은 어떻게 하나요? 　　　　201
- 아이 반 배정은 어떻게 하나요? 　　　　204
- 선생님께 문자를 드렸는데 아무 답변이 없을 때는 어떡해야 할까요? 　　　　209
- 사립초등학교의 장점은 무엇인가요? 　　　　211
- 혁신 초등학교와 일반 공립초등학교의 차이는 무엇인가요? 　　　　214
- 선생님 눈에 예뻐 보이는 아이들의 특징은 무엇인가요? 　　　　217
- 부모님들에게 꼭 추천하고 싶은 책이 있나요? 　　　　220
- 선생님들은 어떤 부모님을 부담스러워하나요? 　　　　223
- 이상적인 전학 시기는 언제인가요? 　　　　227
- 선생님들은 방학 때 무엇을 하시나요? 　　　　230
- 정말 촌지 안 받으세요? 　　　　233

PART 2 학부모가 꼭 알아야 할 아이 지도 방법

Chapter 1 꼭 알아두면 좋은 학습 방법

- 아이의 독서 습관을 기르는 효과적인 3가지 방법   240
- 시험 성적을 올리는 3가지 방법   244
- 아이 혼자 공부하게 하는 4가지 방법   247
- 초등 공부의 기본은 교과서   253
- 학원에 보내기 전에 꼭 확인해야 하는 사항   256
- 아이의 집중력을 높이는 4가지 방법   259
- 초등학생이 꼭 해야 하는 2가지 선행학습   263
- 글쓰기를 잘하는 4가지 방법   266
- 소극적인 아이의 발표력을 높이는 방법   269

Chapter 2 꼭 알아두면 좋은 생활 지도 방법

- 나 전달법 vs. 너 전달법   274
- 아이의 자존감을 높이는 5가지 방법   277
- 선생님은 부모님의 부부싸움을 다 알고 있습니다   280
- 혹시 가정에서 체벌을 하십니까?   283
- 아이들의 자조 능력, 꼭 키워주세요   286
- 아이들에게 하면 좋은 4가지 말   291

PART 3 학부모가 가장 알고 싶어 하는 학년별 준비와 방학 활용법

Chapter 1 새 학년, 어떻게 준비하고 무엇을 알아야 할까요?

- 슬기로운 1학년 준비   298
- 슬기로운 2학년 준비   304
- 슬기로운 3학년 준비   308
- 슬기로운 4학년 준비   312
- 슬기로운 5학년 준비   316
- 슬기로운 6학년 준비   321

Chapter 2 방학은 어떻게 보내야 할까요?

- 슬기로운 1~2학년 여름방학 보내기   326
- 슬기로운 1~2학년 겨울방학 보내기   330
- 슬기로운 3~4학년 여름방학 보내기   334
- 슬기로운 3~4학년 겨울방학 보내기   338
- 슬기로운 5~6학년 여름방학 보내기   341
- 슬기로운 5~6학년 겨울방학 보내기   345

참고문헌   348

머리말

현직 교사가 초등 생활의 모든 것을 말씀드립니다

제 두 번째 책이 세상에 나오게 되었습니다. 첫 번째로 펴낸 책 《초3보다 중요한 학년은 없습니다》가 예상을 뛰어넘는 과분한 사랑을 받아 두 번째 책에 대한 부담이 컸습니다.

이번 책에서는 학부모님들이 궁금해하시는 초등학교생활 전반에 대한 내용을 Q&A 방식으로 정리했습니다. 교사 입장에서는 사소한 사항이지만, 의외로 학부모님들은 심각하게 생각하며 어디 물어볼 대상이 없어서 학교생활이나 교사와의 관계로 고민하는 경우를 많이 봤습니다.

제가 유튜브 채널을 운영하며 그동안 촬영한 초등 교육 관련 영상 150편 중에서 내용이 괜찮고 반응도 좋은 50편 정도를 엄선하여 수정하고 다듬었습니다. 그 외에 맘카페에 물어봐도 얻지 못하는 궁금한 질문들을 모아 자세하게 기술했습니다.

이 책은 언제든 우리 아이의 초등학교 생활에 궁금한 점이 있을 때 꺼내서 읽어보고 참고하시면 됩니다. 물론 선제적으로 미리 읽어보면서 예전과 달라진 우리 아이의 초등학교 생활 모습을 그려나가셔도 좋습니다. 다만 여기 기술한 내용이 100% 정답은 아닙니다. 한 반에 25명의 아이들이 있으면 각자 그린 그림이 모두 다르고 생각하는 바도 다르듯이, 교사들도 나름의 교육관과 교육 철학에 따라 다양한 생각과 의견을 가지고 있습니다. 어디까지나 '해피이선생'의 주관이 개입된 내용으로 참고 사항으로 읽어주시면 좋겠습니다. 하지만 최대한 객관적이고 실제적인 내용을 담기 위해 주변 선생님들께 조언을 구하고 감수를 거쳤습니다.

이 책을 만드는 데 큰 도움을 준 남예은 부장님과 이소진 부장님께 깊은 감사를 드립니다. 선생님들의 따뜻한 격려와 도움이 아니었다면 이 책이 나오지 못했을 것입니다. 아울러 학부모 입장에서 함께 고민하며 책의 내용을 검토해준 아내에게도 고맙다는 말을 전하고 싶습니다. 끝으로 학부모님들이 궁금해하는 내용을 실제 초등 학부모 입장에서 생각하고 많은 아이디어와 조언을 해주신 사람in 출판사의 김현 편집장님께도 감사드립니다.

아무쪼록 이 책이 예전과 달라진 초등학교의 변화된 모습을 파악하고, 우리 아이를 조금 더 이해하는 데 도움이 되길 진심으로 바랍니다.

해피이선생

PART 1

학부모가
가장 궁금해하는
초등 생활의 모든 것

교육의 목적은 정보 습득이 아니라
사고하는 법을 훈련하는 것이다.
(Education is not the learning of facts, but the training of minds to think.)

— 알베르트 아인슈타인(Albert Einstein, 20세기 최고의 천재 물리학자)

Chapter 1

독서 질문:

초등 때는 독서가 핵심 맞나요?

책 읽는다고
공부 잘하나요?

책을 안 읽어도 공부 잘하는 애들이 있다고 생각하는 분들이 있습니다. 책 읽는 것과 공부 잘하는 것은 별개의 일이 아닙니다. 독서와 공부는 아주 밀접한 관계가 있습니다. 그런데 주변에서 책을 안 읽어도 공부 잘하는 아이들을 많이 보셨다고요?

초등학교에서 공부 잘하는 방법은 간단합니다. 엄마가 아이에게 문제집을 풀게 하며 학원에 보내고 집에서 배운 것을 확인하면 아이는 당연히 공부를 잘하게 됩니다. 즉, 초등학교 공부는 엄마의 노력으로 가능합니다.

중·고등학교 때 책을 안 읽고 공부를 잘하는 아이는 단순 암기 및 지식에는 강하지만 이해력이 부족한 경우가 많습니다. 그런 경우에는 서술형 시험에 약하게 됩니다. 예를 들어, "왜 그런지 쓰시오"라는 문제에서 평소 책을 많이 읽은 아이들은 본인의 생각을 논리적으로 정리해서 씁니다. 즉, ==평소 책을 많이 읽은 아이들은 문제의 이해도가 높습니다.== 반면, 단순 암기 및 지식에 강한 아이들은 서술형·논술형 시험에서 성적이 급락하는 경우가 많습니다. 그 차이는 바로 독서에 있습니다. 책 읽기가 글쓰기와 연계되기 때문입니다. 결국 책을 많이 읽지 않은 아이들은 학년이 올라갈수록 한계를 드러냅니다.

독서는 단순히 국어 공부에만 도움이 되는 것이 아닙니다. 아이 스스로 생각하는 힘을 키워줍니다. 논리적 사고력과 어휘력을 비롯하여, 풍부한 배경지식을 형성하는 데도 큰 영향을 미칩니다. 앞으로 우리 아이들이 살아갈 시대에는 독서가 더욱 중요해질 것입니다.

요즘 아이들은 책보다는 스마트폰이나 컴퓨터 게임, 유튜브 영상을 많이 봅니다. 우리 아이가 꾸준하게 독서할 수 있도록 부모님들이 각별히 관심을 가져야 하는 이유는 그러한 현실 때문입니다. 책을 많이 읽어서 독서 습관이 생긴 아이들은 지금 당장 가시적인 효과가 없더라도 분명 중·고등학교에 진학해서 큰 차이를 드러낼 것입니다. ==아이가 학업에 대한 부담 없이 책을 읽을 수 있는 시기는 초등학교 때가 유일합니다.== 중학교에 진학하면 아이가 책을 읽고 충분하게 생각할 시간이 부족하기 때문입니다. 이렇게 시간이 부족하다 보니 필독서만 읽거나 부분적으로 선택해서 읽게 됩니다. 그러나 이러한 독서는 한계에 봉착할 수밖에 없습니다. ==독서는==

==단기간에 효과가 나타나지 않기 때문에 어릴 때부터 꾸준히 지속적으로 책을 읽어야 합니다.== 많이 읽는 다독多讀이 중요한 것이 아니라 책을 읽고 이해하는 능력이 중요합니다. 독서를 통해 형성된 이해력이 훗날 아이들의 공부에 큰 영향을 미칠 것입니다.

만화가 아니면
책을 읽지 않아요

학습만화의 전성시대입니다. 저는 서점에 자주 가는데, 대형 서점에 갔을 때 한쪽 구석에 앉아서 열심히 책을 읽는 아이들이 기특해서 무슨 책을 읽는지 살펴보면 대부분 학습만화를 보고 있습니다.

학습만화만 보는 아이들을 어떻게 글밥이 있는 책으로 유도할 수 있을까요? 크게 3가지 방법을 제시하겠습니다.

첫째, 학습만화를 1권 읽으면 줄글 책을 1권 읽도록 한다

학습만화를 1권 읽으면 똑같이 줄글로 된 책도 읽도록 아이와 약속하는 것입니다. 다소 비교육적이라고 생각하실 수도 있습니다. 그런데 사전에 약속하지 않으면 아이들이 줄글로 된 책을 읽으려고 하지 않습니다. 학습만화 2권에 줄글로 된 책 1권 등 그 비율은 아이의 상황에 따라 조정하면 되고, 학습만화를 읽는 만큼 줄글로 된 책도 읽도록 해야 합니다. 그렇게 하지 않고 아이들을 그냥 내버려두면 계속 학습만화만 읽게 됩니다.

둘째, 학습만화의 독후활동도 한다

학습만화인데도 독후활동을 하는 것이 좋을까요? 네, 하는 것이 좋습니다. 만화책을 볼 때는 줄거리보다 그림에 집중하니까 책을 읽을 때는 금방 재미있게 보는데, 정작 다 읽고 나서 나중에 어떤 내용인지 물어보면 말하지 못하는 경우가 대부분입니다. 아이에게 "책의 어느 부분이 왜 재미있었니?"라고 물으면, 대체로 "그냥요"라고 대답합니다. 아이가 읽은 책이 학습만화든 그림책이든 줄글로 된 책이든 책을 읽었으면 간단한 내용 요약과 본인의 생각이나 느낌을 정리하는 습관을 갖도록 해야 합니다. 이 습관을 통해서 ==아이가 생각하며 책을 읽도록 만드는 것입니다.== 아이에게 부담이 되지 않도록 책의 내용과 본인의 생각이나 느낌을 간단하게 2~3줄 정도로 쓰거나 말로 이야기하도록 간단한 독후활동을 하면 됩니다.

셋째, 연계 독서를 한다

학습만화와 관련되는 줄글로 된 책을 읽도록 합니다. 예를 들어, 만화 삼국지를 읽었으면 줄글로 된 어린이 삼국지를 읽도록 합니다. 《세계역사문화체험학습만화 Go Go 카카오프렌즈》를 읽었다면, 어린이 세계사와 관련된 줄글 책을 이어서 읽게 하는 것입니다. 혹시 학습만화와 연계되는 줄글로 된 책이 없다면? 그때는 비슷한 주제의 책을 읽게 하면 됩니다. 그렇게 하면 아이들도 흥미 있어 하고 이해의 폭이 넓어질 것입니다. 아이가 학습만화를 보며 이미 살펴본 내용이기 때문에 뒤에 어떤 내용들이 이어지는지 큰 흐름을 알아서 줄글 책도 술술 잘 읽게 됩니다.

추천하는 만화책이 있나요?

대형 서점에 가면 어린이용 도서의 절대 다수는 학습만화입니다. 그 종류도 다양합니다. 학교에서도 아이들에게 책을 읽으라고 하면 대부분 학습만화를 봅니다. 학습만화는 읽기 편하고 재미있습니다. 반면, 읽고 나서 특별히 기억나는 내용이 없습니다. 아이들은 학습만화에서 그림을 위주로 보며 글은 보조적인 수단으로 넘깁니다. 학습만화가 책을 읽으며 키워야 하는 논리적 사고력, 상상력, 창의력 발전 등에 별다른 도움이 되지 않는 이유입니다. 하지만 책 읽기를 싫어하는 아이들에게는 학습만화라도 보게 해서 독서에 흥미를 느끼도록 해야 합니다.

책을 읽지 않는 아이들에게 추천하는 학습만화로는 초등학생들이 좋아하는 《Why?》 시리즈가 있습니다. 《Why?》 시리즈는 과학,

수학, 사회, 역사, 인문고전, 인물탐구 등으로 종류도 많고, 초등학생이 있는 가정에는 몇 권씩 구비되어 있는 책입니다. 어려운 내용들을 쉽게 풀어써서 가볍게 보기 좋습니다.

초등 중학년들이 보기 좋은 학습만화로는《퀴즈! 과학 상식》, 《수학도둑》이 있습니다.《퀴즈! 과학 상식》은 상식의 전달에 뛰어난 시리즈로 좋은 어린이 책을 수상하기도 했습니다. 어린이들에게 어려운 과학 원리를 쉽게 알려준다는 장점이 있습니다.《수학도둑》은 '기본편', '심화편', '창의편', '종합편'의 4단계 시스템 수학으로 구성되어 있으며, 창의력과 수리논술 실력을 향상시키는 데 도움이 됩니다.

그 외에 아이들이 낯설고 어려워하는 한국사 관련 학습만화도 추천합니다.《용선생 만화 한국사》,《최태성의 만화 한국사》,《이현세의 만화 한국사 바로보기》 등입니다. 초등학교 5학년 2학기 사회 시간에 한국사를 배우는데, 그 전에 한국사 관련 학습만화를 읽어보면 아이들이 한국사를 친숙하게 느껴서 공부에도 도움이 됩니다.

초등 고학년들의 경우 가볍게 세계사 공부 차원에서 이원복 교수의《먼나라 이웃나라》를 보는 것도 괜찮습니다. 워낙 다양한 나라의 역사와 문화를 알기 쉽게 소개하는 책이어서 부담 없이 세계사와 세계지리를 익히는 데 좋습니다. 허영만의《식객》도 우리나라 음식에 대한 자세한 내용을 담고 있어서 관심 있어 하는 아이들이 본다면 도움이 됩니다.

==이런 학습만화는 구체적인 목적을 가지고 읽어야 합니다.== 그냥 시간이 남아서 본다면 별다른 도움이 되지 않습니다. 학습만화를 다 읽었으면, 아이가 읽은 책에 대해 문제를 출제하고 부모님이 맞히는 놀이를 하며 읽은 내용을 확인하는 것도 좋습니다. 아이들은 줄글 책이 부담스러워서 학습만화를 보는 경우가 많습니다. 거창한 독후활동보다 놀이 형식으로 독서에 편하게 접근할 수 있도록 부모님의 세심한 배려가 필요합니다.

자기 할 일은 안 하고
책만 읽으려고 해요

　꾸준한 독서는 좋은 습관입니다. 저도 어릴 때 식사를 하며 책을 보곤 했습니다. 두 살 위의 형과 경쟁이 붙어서 누가 더 많은 책을 읽는지 자랑하려고 항상 책을 읽었고, 훗날 그것이 제 인생에서 큰 도움이 되었다는 것을 새삼 느낍니다.

　책만 읽으려고 한다고 해서 독서 자체가 나쁜 것은 아닙니다. 아마 주변의 다른 학부모님들에게 "우리 아이는 매일 책만 봐요"라고 이야기하면 부러움의 시선을 한몸에 받을 수도 있습니다. 하지만 본인의 할 일은 하고 책을 읽어야 합니다. 아직 어린 초등학생들은 자기 조절 능력이 부족하기 때문에 부모님이 조절해줄 필요가 있습니다.

　학년이 올라갈수록 본인이 해야 할 일도 늘어나기 때문에 아이와 부모님이 함께 규칙을 만들어야 합니다. 예를 들어, 밥을 먹을 때 책을 보는 것은 안 되지만 간식을 먹을 때는 가능하고, 길을 걸어가면서 책을 보는 것은 안전상 아주 위험하므로 안 된다는 식입니다. 구체적으로 언제 어느 때 책을 읽어도 되는지 안 되는지를 부모님과 아이가 하나씩 이야기를 하며 정합니다.

중요한 점은 아이가 스스로 자기 할 일을 하고 난 후 책을 보도록 유도해야 한다는 것입니다. 그 전까지는 부모님이 아이의 바람직한 독서 습관을 위해 옆에서 관심을 갖고 지도해주셔야 합니다. 아이가 너무 많은 책을 빨리 읽으려고 욕심을 내는 것은 아닌지 살펴보고, 반복 독서와 천천히 읽기 slow reading 방법도 소개하고 함께 읽는 것도 좋습니다.

이렇게 책만 읽으려는 아이의 경우, 전반적으로 생활습관 및 태도를 점검할 필요가 있습니다. 계속 책만 읽으면 분명 생활의 어느 부분에서는 부족하거나 결핍되는 현상이 나타날 것입니다. 그 부분에 대하여 아이와 이야기를 나누고 개선점을 찾아야 합니다. 부모의 양육 방식에 문제는 없는지도 스스로 살펴보셔야 합니다. 평소 아이에게 책을 읽으라고 지나치게 강조하지 않았는지, 독서를 매일 해야 하는 과제처럼 부담을 준 것은 아닌지 성찰하셔야 합니다. 독서 습관이 바람직하고 좋은 것은 분명하지만, 과유불급過猶不及이 되지 않도록 부모님이 방향을 잘 잡아주셔야 합니다.

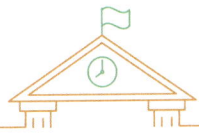

편독이 너무 심해서 다른 분야의 책은 거들떠보지 않아요

독서 편독讀書 偏讀은 "한 종류의 책만 좋아하는 경우, 또는 같은 장르의 책 읽기만 선호하는 태도"를 말합니다. 특히 아이들의 경우 독서 편독이 심합니다. 만화만 보는 유형이 가장 많고, 그 외에 판타지 소설만 읽거나 과학책만 보는 유형도 있습니다. 부모님들은 당연히 걱정하실 수밖에 없습니다. 우리 아이가 문학, 역사, 사회, 과학, 예술 등 모든 장르의 책을 골고루 읽기를 바라시니까요.

독서 편독을 더 바람직한 방향으로 이끌어 갈 수 있는 세 가지를 이야기하겠습니다.

첫째, 독서 편독은 나쁘지 않다

부모님의 바람대로 아이들이 모든 장르의 책들을 골고루 읽으면 좋죠. 가장 이상적인 책 읽기라고 볼 수도 있습니다. 하지만 현실적으로 그런 아이들은 드뭅니다. 한번 여쭤볼게요. 부모님들은 학창 시절에 책을 골고루 읽으셨나요? 지금 성인이 되어서 장르별로 골고루 읽고 계신가요? 아마 그렇지 않은 분들이 많을 것입니다. 부모님들의 경우 자기계발서를 주로 보거나 무라카미 하루키의 책만 보거나 베르나르 베르베르의 책을 집중적으로 보는 분도 있습니다. 그러니까 아이들에게 너무 골고루 읽으라고 강요할 필요는 없습니다. 오히려 아이가 책 읽기에 흥미를 잃을 수도 있습니다. 책을 읽지 않는 아이들도 많은데, 독서 편독이라고 해도 책을 읽는 것은 좋은 일입니다.

둘째, 독서 식단표를 짜서 책을 읽게 한다

음식을 먹을 때 영양소를 고려해서 골고루 먹어야 몸이 건강해지는 것처럼, 사람의 뇌도 각 분야의 책을 골고루 읽어야 발달한다고 아이에게 설명합니다. 그 후에 일주일 독서 식단표를 부모님과 아이가 협의해서 함께 작성합니다. 월요일에는 역사책, 화요일 과학책, 수요일 예술 관련책, 목요일 사회책, 금요일 소설이나 시집, 토요일 학습만화 등을 정하는 것입니다.

월요일	화요일	수요일	목요일	금요일	토요일
역사책	과학책	예술책	사회책	소설, 시집	학습만화

독서 식단표를 작성했으면, 아이에게 독서 식단표를 잘 실천했는지도 스스로 확인하게 합니다. 여기서 중요한 것은 ==독서 식단표를 짤 때 부모님이 주도해서는 안 된다는 점입니다.== 너무 이상적으로 균형 잡힌 독서 식단표를 짜려 하지 말고 점진적으로 바꿔 나가야 한다는 점을 기억하고 아이에게 맡기셔야 합니다.

셋째, 아이에게 다양한 책의 맛을 알려준다

아이가 특정 분야의 책을 주로 보는 것은 그 분야의 책이 재미있기 때문입니다. 아이가 공룡 책만 볼 경우 그 아이는 지금 세상에서 공룡이 가장 재미있는 것입니다. 부모님이 "너는 그딴 게 뭐가 재미있다고 맨날 쓸데없이 보니? 집어치우고 다른 책 좀 봐!"라고 한다면, 아이는 공룡 책뿐만 아니라 다른 책에 대한 흥미까지 잃게 됩니다. 지금 공룡에 빠져 있는 아이에게는 공룡 외에 다른 재미있는 책도 있다는 것을 알려주셔야 합니다. ==아이가 좋아할 만한 다른 장르의 책을 부모님이 먼저 읽어본 후에 자연스럽게 아이에게 추천해주는 것입니다.== 부모님이 권하는 책을 아이가 좋아할 수도 있고 싫어할 수도 있습니다. 아이에게 다양한 책을 소개하고 여러 책의 재미를 맛보도록 권하는 것은 부모님의 중요한 역할입니다.

아이가 특정 분야의 독서 편독을 한다면 부모님들이 그 분야에 관심을 갖고, 아이에게 읽은 책을 설명해달라고 해도 좋습니다. 부모님이 자신이 좋아하는 분야를 궁금해하면 아이는 신이 나서 소개할 것입니다. "우와! 우리 민재는 공룡 박사구나! 정말 대단해!"

부모님이 아이를 칭찬해주시면 좋습니다. 그 후에 아이가 읽고 싶어 하는 장르의 책을 부모님이 먼저 읽고, 똑같은 방식으로 아이에게 설명합니다. "이번에는 아빠가 읽은 과학책을 소개할게. 잘 들어봐. 아빠가 읽은 책은 태풍에 대한 거야." 이런 방식으로 아이가 책을 읽고 자신의 입으로 말하도록 하고, 부모님도 아이와 함께 다른 장르의 책을 읽고 서로에게 소개하면 독서 편독을 극복하는 데 효과적입니다.

아이들에게 추천하는
독서 방법이 있나요?

독서 방법에는 여러 가지가 있습니다. 그냥 눈으로만 읽는지와 소리를 내어 읽는지에 따라 묵독默讀, 음독音讀, 낭독朗讀이 있습니다. 다음으로 다독多讀, 속독速讀, 정독精讀, 통독通讀도 있습니다. 제가 아이들에게 강력하게 추천하고 싶은 독서 방법은 반복 독서와 필사입니다.

반복 독서는 천재들의 독서법에서 자주 볼 수 있는 효과적인 독서법입니다. 세종대왕 역시 지적 능력이 아주 뛰어난 것으로 유명합니다. 세종대왕의 지적 능력은 100번 읽고 100번 베껴 쓰는 백독백습百讀百習 독서법을 적용하는 과정을 통해 얻게 된 능력이었다고 합니다. 조선 후기를 대표하는 왕인 영조英祖도 "독서는 다독이 최고다. 나는 일찍이 《소학小學》을 백 번 넘게 읽었다. 하여 지금도 눈을 감고 암송할 수 있다"라고 했습니다. 서애 유성룡 선생도 열여덟 살에 《맹자孟子》를 읽기 위해 절에 들어가서 몇 달 동안 스무 번 넘게 읽어서 결국 《맹자》를 전부 외워버렸다고 합니다. 어떤 책을 백 번 넘게 반복해서 본다면, 처음에는 잘 이해되지 않던 내용도 자연스럽게 이해되고 어느 순간 외워질 수도 있습니다. 그런 습관이 몸에 배이면 문해력이 크게 향상됩니다. 우리 아이들에게도 반복 독서의 중요성을 강조하고, 책을 한 번만 읽고 끝내는 것이 아니라 좋은 책은 여러 번 반복해서 읽도록 해야 합니다.

많은 아이들이 책 자체를 읽지 않을 뿐만 아니라 한 번 대충 읽은 책은 다시는 쳐다보지 않습니다. 부모님과 책 2권을 읽으면 게임 30분을 한다거나 물질적인 보상을 받기로 약속해서, 책의 내용을 꼼꼼하게 읽는 것이 아니라 읽었다는 자체에 의미를 두며 빨리 읽기 때문입니다. 하지만 이렇게 읽으면 읽으나 마나입니다.

아이들에게 "필사筆寫"도 강조해야 합니다. 책을 한 권 필사하라고 하면 아이들이 부담감을 느낄 수 있기 때문에 하루 다섯 줄 정도만 필사하자는 마음으로 접근하는 것이 좋습니다. 필사할 때는 필사하는 문장을 소리 내어 읽으며 옮겨 적도록 합니다. 아이들이 필사하기 좋은 책으로는 《아홉 살 마음 사전》, 《아홉 살 느낌 사전》, 《김용택 베스트 8종 세트: 자연을 닮은 이야기》 등을 추천합니다. 아이들이 좋아하는 동시집이나 창작 동화 등도 괜찮습니다.

《태백산맥》과 《아리랑》을 쓴 조정래 선생이 본인의 아들과 며느리에게 대하소설 《태백산맥》을 베껴 쓰게 한 일화가 유명합니다.

주변에 보면《태백산맥》이나《장길산》,《토지》같은 명작을 스스로 필사하는 성인들도 많습니다. 하루 종일 필사하는 것이 아니라 1년 정도의 긴 호흡으로 매일 10장씩 쓰며 심신을 안정시키고 마음 공부 차원에서 하는 것입니다.

요즘 아이들은 글씨체가 엉망인 경우가 많습니다. 특히 남자아이들은 대부분 글씨를 심하게 못 씁니다. 게다가 차분하지 않고, 주의가 산만하며, 재미없는 것을 참지 못합니다. 그런 아이들에게 필사 방법은 다목적 효과가 큽니다. 필사를 하는 동안 마음이 차분해져서 쓰는 행위에 집중하게 되어 심리적인 안정감을 얻을 수 있습니다. 그런 점에서 ==필사는 주의가 산만하여 집중력이 부족한 아이들에게 특히 좋습니다.== 손을 활용하여 쓰는 행위에 집중하다 보니 두뇌도 활성화됩니다. 필사를 끝냈을 때 큰 성취감도 얻게 됩니다.

다산 정약용 선생도 매일 새벽마다 고전을 몇 쪽씩 베껴 쓰는 일을 취미로 삼았다고 합니다. 아이들 중에서 반복 독서를 하는 경우는 간혹 본 적이 있는데, 필사하는 아이들은 아직 본 적이 없습니다. 베껴 쓰기는 아이들에게 확실히 도움이 되는 방법이기 때문에 부모님들이 그 중요성을 인식해서 우리 아이에게 적용해보시기 바랍니다. 아이가 아버지나 어머니와 함께 거실 탁자에 앉아 규칙적으로 필사를 해도 좋습니다.

읽기 독립!
언제 어떻게 하는 게 좋을까요?

아이가 혼자 책을 읽는 것, 즉 읽기 독립을 할 때는 중요한 4가지 전제 조건이 있습니다.

첫째, 진정한 읽기 독립인지 확인하자
아이가 책의 내용을 온전히 이해할 수 있어야 진정한 읽기 독립이 가능합니다. 즉, 아이가 한글을 깨우쳐서 스스로 소리 내어 읽을 수 있더라도 책의 내용을 이해하고 그 의미를 알아야 합니다. 글만 소리 내어 읽어서는 안 됩니다. 읽은 책의 내용을 이해해서 다른 사람에게 설명할 수 있어야 합니다. 또는 본인이 읽은 책의 내용과 생각 등을 정리해서 간단하게 쓸 수 있어야 합니다. 쉽지 않지만 읽기 독립을 위해서 반드시 필요한 일입니다.

저는 집에서 초등 6학년 아이가 책을 읽고 내용을 제대로 이해했는지 확인하기 위해서 다음과 같은 방법을 이용합니다. 아이는 일주일에 책을 5권 이상 읽고, 책의 제목과 장르만 공책에 기록합니다. 그러면 저는 5권 중에서 3권을 고릅니다. 아이는 1권씩 책의 내용과 읽은 후 소감을 1분 정도 이야기합니다. 아이의 이야기를 듣고 궁금한 점을 제가 다시 묻고 아이가 대답합니다. 이런 방식으로 1권당 약 5분 정도 서로 질문과 대답을 주고받습니다. 제 아이와는 4학년 때부터 이런 방식으로 책에 대해 이야기를 나눴습니다. 아직 어린 저학년 아이들은 이 방법으로 하는 것이 어려울 수 있습니다. 하지만 간단하게라도 읽은 책의 주인공, 기억에 남는 내용, 읽고 난 후 생각이나 느낌 등을 부모님에게 충분히 설명할 수 있어야 합니다.

주체	할 일
	일주일에 5권 읽고 제목과 장르만 기록하기
	3권 선정하기
	1권씩 1분간 아이와 부모가 책 내용 이야기하기
	아이와 부모가 5분간 질문과 대답 주고받기

둘째, 너무 조급하게 생각하지 말자

주변에 보면, 읽기 독립과 관련해서 너무 조급하게 생각하는 분들이 많습니다. 얼핏 생각하면 이해는 됩니다. 어떤 부모님들은 태아 때부터 책을 읽어줬습니다. 아이가 어린이집이나 유치원에 가고 한글을 익히는 동안에도 다양한 책을 계속 읽어주셨을 것입니다. 어느 순간 아이가 한글을 깨우쳤을 때 '이제 드디어 아이가 혼자 책을 읽을 수 있게 되었구나, 빨리 읽기 독립을 시켜야겠다'라고 생각하기 쉽습니다. 그런데 아이는 아직 책이 무섭습니다. 아기들이 모유를 먹고 이유식을 먹은 후 밥을 먹듯 ==독서도 중간 단계를 거쳐야 합니다.== 글밥이 적은 그림책, 일상생활에서 쉽게 접할 수 있는 의성어나 의태어가 많이 나오는 동화책 등을 권해주고 아이가 책 읽는 것에 두려움을 느끼지 않도록 해야 합니다.

셋째, 다른 아이와 비교하지 말자

아이마다 읽기 수준이 다릅니다. 어떤 아이는 3~4살에 한글을 떼는 아이도 있고, 초등학교 2학년인데도 아직 한글 읽기가 서툰 아이도 있습니다. 한글을 빨리 익히지 못했다고 해서 아이에게 지능의 문제가 있을까요? 아닙니다. 아이마다 발달 정도와 성향, 특성에 따라 얼마든지 다를 수 있습니다. 다른 것이지 틀린 것이 아닙니다. 그런데 부모님들은 같은 아파트나 같은 반 엄마들끼리 정보를 공유하며 비교합니다. 주변의 이야기를 들으면 마음이 조급해집니다. 우리 아이가 남들과 다르고 똑똑한 줄 알았는데 벌써 다른 아이에게 뒤처지는 것 같아서 참을 수 없습니다. 너무 급하게 생각하며 다른 아이와 비교해서 무리하게 강요하거나 압박하시면 안 됩니다. 오히려 아이가 스트레스를 받아서 책 읽는 것을 싫어하고 멀리할 수도 있습니다. 즉, ==읽기 독립을 할 때는 부모님의 계획이 아니라 아이의 속도에 부모님이 맞추셔야 합니다.==

넷째, 하루 1권이라도 꾸준히 읽게 하자

독서는 습관입니다. 독서가 아이의 습관이 되기 위해서는 부모님의 노력이 필요합니다. 부모님이 가만히 있는데 아이 스스로 알아서 먼저 책을 읽는 경우는 흔치 않습니다. 그런 점에서 ==부모님이 항상 집에서 책 읽는 모습을 보여줘야 합니다.== 책 읽는 모습뿐만 아니라 아이와 함께 동네 어린이 도서관에도 자주 가야 합니다. 주말에는 대형 서점에 가서 아이가 원하는 책을 고르고 사주시는 것도 좋습니다. 부모님이 책 읽는 환경을 조성하고 분위기를 만들어야 합니다. 그렇게 해서 아이가 최소한 하루 1권씩 꾸준하게 책을 읽어야 합니다. 아이에게 독서가 의무가 아니라 매일 반복되는 당연한 일상으로 자리 잡도록 도와주셔야 합니다.

아이가 너무 싫어하는데
독후활동을 꼭 해야 하나요?

독후활동은 필요합니다. 강제적인 방법보다는 아이가 좋아할 만한 활동으로 접근해야 합니다. 아이가 읽은 책의 내용을 잘 기억하며 독후활동이 유익하다는 것을 스스로 느낄 수 있게 하면 됩니다.

독후활동이라고 해서 꼭 독서 감상문을 쓰거나 독서 기록장을 작성하는 것만 있는 것은 아닙니다. ==책을 다 읽고 난 후의 독후활동이 아니라 책을 읽기 전이나 읽는 중에 책과 관련하여 다양한 활동을 할 수도 있습니다.== 그 방법들도 무궁무진합니다. 책을 읽고 가장 인상 깊은 장면을 스케치북에 그림으로 그려도 좋습니다. 그러면 어른들이 예상하지 못한 장면을 그리는 아이들이 있습니다. 그 장면이 가장 인상 깊었던 이유를 아이에게 들으면서 아이를 폭넓게 이해하는 계기가 될 수도 있습니다. 또 아이가 "내가 만약 작가라면?"이라고 가정하는 것도 좋습니다. 책의 뒷이야기가 어떻게 될지 상상해서 간단하게 말하거나 쓰게 할 수도 있습니다.

요즘 아이들은 워낙 랩을 좋아하고 춤추는 것도 좋아하니까 자신이 읽은 책의 내용을 간단하게 랩으로 만들어도 되고, 춤이나 몸동작으로 표현해도 좋습니다. 책을 읽기 전에 제목과 표지 그림을 보고 책의 내용을 예상해볼 수도 있습니다. 책을 다 읽고 난 후 자신의 예상과 맞는 부분은 어디이고 어떤 점에서 다른지 이야기하는 것입니다. 무엇보다도 ==독후활동을 너무 어렵고 거창하게 생각하지 않는 것이 중요합니다.== 책을 읽고 나서 아이와 함께 다양한 관련 활동을 하면 아이가 책에 흥미를 느끼고 독후활동에 부담을 느끼지 않을 것입니다. 이와는 반대로, "네가 읽은 책의 내용과 느낀 점을 말해봐!"라고 너무 딱딱하고 형식적으로 말한다면, 아이는 독서 자체에 부담을 느끼고 책 읽는 것을 꺼려할 것입니다.

독후활동보다 중요한 것은 아이가 책을 좋아하는 마음, 그 자체입니다. 그런 점에서 아이가 독서에 부담감을 갖지 않도록 해야 합니다. 아이가 책 읽는 것을 숙제처럼 생각하지 않고, 책 읽는 것을 하나의 즐거움으로 인식할 수 있도록 해야 합니다. 독후활동은 부모님이 검사해서 증빙 서류로 제출해야 하는 것이 아닙니다. 아이에게 다양한 독후활동 선택지를 줘서 아이 스스로 고를 수 있게 하면 부담감이 줄어들고 책 읽는 즐거움도 유지시킬 수 있습니다.

Chapter 2

생활 질문:

상상 속의 우리 아이
vs. 실제 우리 아이

수업 시간에
선생님 말씀이 어렵대요

　우선 아이가 어떤 과목의 무슨 내용을 어려워하고 이해하지 못하는지 구체적으로 파악해야 합니다. 일상생활에서의 대화는 잘하는데 독서 부족으로 교과서의 지문 내용이나 선생님의 말을 일부 이해하지 못하는 경우는 종종 있습니다. 그럴 경우 아이의 수준을 파악해서 지난 학년의 내용이라도 다시 보게 하는 등의 수준에 맞는 교육을 실시해야 합니다. 부모님들이 크게 오해하는 부분 중 하나는 우리 아이가 해당 학년 수준에 맞는 학습 능력을 갖추고 있다는 것입니다. 학년이 올라가면서 아이도 그에 맞춰 충실하게 공부를 하고 있다는 생각은 막연한 믿음일 뿐입니다.

　최근에 6학년 선생님이 3학년 수학 교과서를 구해달라는 부탁을 했습니다. 그 이유를 물어보니, 수학 평가 결과 6학년 아이들 중

일부가 수학 실력이 부족하여 3학년 기초 내용부터 다시 공부를 시켜야겠다는 이야기였습니다. 가정에서 부모님들도 우리 아이의 수준을 객관적으로 파악하여 부족한 부분은 지난 학년의 내용이라도 반드시 보충해주셔야 합니다.

<mark>모든 과목의 내용들을 모른다면 우리 아이의 학습 능력에 큰 문제가 있다는 의미입니다.</mark> 그럴 경우 부모님이 기초부터 하나씩 교육해야 하고, 여건이 안 된다면 학원이나 공부방에 보내는 것도 방법입니다. 특정 과목의 일부 내용만 어려워하는 경우도 있습니다. 어느 경우든지 반드시 담임 선생님과 상담을 해야 합니다. 가정에서도 보충학습을 시킬 테니 학교에서 담임 선생님도 관심을 가지고 지도해달라고 말씀하셔야 합니다.

일반적으로 아이들은 담임 선생님에게 직접적으로 "수업 내용이 이해되지 않아요"라고 말하지 않습니다. 다른 친구들의 시선을 의식하는 데다 선생님에게도 괜히 부끄럽기 때문입니다. 따라서 부모님들이 <mark>우리 아이의 학습 수준과 수업 태도 등에 관심을 갖고 수시로 대화를 해야 합니다.</mark> 요즘 초등학교에서는 일제고사 없이 담임 교사 재량으로 보는 단원평가가 시험의 전부이기 때문에 아이들의 학습부진이 드러나지 않는 경우가 많습니다. 그런 상태가 누적되면 나중에는 회복할 수 없는 지경에 이르니 각별히 신경 쓰셔야 합니다.

학교가 시시하다는 아이,
도대체 왜 그럴까요?

의외로 학교가 시시하다고 말하는 아이들이 있습니다. 크게 3가지 이유가 있습니다.

첫째, 지나친 선행학습으로 학교 수업에 흥미를 느끼지 못한다

수학의 경우에는 지나친 선행학습을 하는 아이들이 가끔 있습니다. 서울 대치동에서는 초등학교 4~5학년 아이들이 중학교 과정을 끝내고 고등학교 수학을 푸는 경우도 있다고 하는데, 일반적으로 공부를 잘하는 초등학생들이 한두 학년 위의 내용을 푸는 경우는 있습니다. 이럴 경우 이미 다 아는 내용을 수업 시간에 다시 배우니까 시시하고 재미없는 것입니다. 학교에서는 중간 수준의 아이에게 맞춰서 수업이 진행되기 때문에 수업 진도도 선행학습을 한 아이가 원하는 만큼 빠르게 진행되지 않습니다. 선행학습을 한 아이들은 수업 시간에 아는 척하고 싶고, 단원평가를 볼 때도 5분만에 다 풀고 심심하다고 자랑합니다. 그러면 교사나 다른 아이들이 싫어하니까 본인은 계속 수업에 집중하지 못합니다.

부모님들은 과연 우리 아이가 지나친 선행학습을 하는 것이 도움이 되는지 진지하게 고민해보셔야 합니다. ==수학 시간에 수업에 집중하지 못하고 딴짓을 하는 것이 자칫 다른 과목에도 부정적인 영향을 미칠 수 있기 때문에==, 선행학습을 어느 정도 수준까지 어떻게 할 것인지 깊이 생각하실 필요가 있습니다. 그렇게 하려면 아이의 학교생활에 대해 자주 이야기하고, 아이의 단체 생활과 친구관계에 대해서도 관심을 갖고 대화하셔야 합니다. 문제가 있다는 생각이 들면 선행학습의 속도를 조절해야 합니다.

둘째, 학습부진으로 수업 내용을 따라가지 못한다

두 번째 이유는 첫 번째 이유와 반대되는 경우입니다. 학습부진으로 수업 내용이 너무 어려워서 따라가지 못하는 상황입니다. 학습부진의 경우 지능은 정상인데 공부를 하지 않아서 수업을 따라가지 못하는 경우가 대부분입니다. 즉, 아이가 집중력이 부족하고 산만하며 수업 시간에 계속 다른 행동을 하는 것입니다. 이런 아이들의 경우에는 ==부모님이 집에서 면학 분위기를 조성하는 것부터 시작해야 합니다.== 가정에서 규칙적으로 책을 보게 하거나 일주일에 한 번씩 교과서를 집에 가져오게 해서 확인하고, 수학의 경우

수학익힘책 등을 집에서 다시 풀어보도록 하는 등 신경을 쓰면 충분히 좋아질 수 있습니다.

학습부진으로 수업을 따라가지 못하는 아이들 중 특정 과목이나 영역에 대해서만 어려움을 겪는 아이들도 있습니다. 수학을 포기하거나 어려워하는 아이들이 가장 많고, 경우에 따라서는 과학을 싫어하거나 국어에서 읽기를 곤란해하는 아이들이 있습니다. 이럴 때는 부족한 영역을 집중적으로 보완해주면 상황이 좋아질 수 있습니다. 우리 아이가 부족한 과목이 무엇이고 왜 어려워하는지를 파악하고 그에 따라 점진적으로 아이에게 기초부터 교육시켜서 부족한 부분을 보충하시면 됩니다.

셋째, 실제 학교생활에 문제가 있다

지나치게 자신감이 부족해서 '나는 다른 아이들보다 능력이 떨어져'라고 생각해서 학교생활에 흥미를 잃을 수도 있습니다. 이런 아이들에게는 사람마다 각기 다른 능력이 있음을 알려주고, 집이나 학교에서 아이가 꼭 필요한 사람이라는 것을 인식할 수 있도록 끊임없이 일깨워줘야 합니다. 그 결과 스스로 자신감을 회복하도록 유도해야 합니다. 당연히 담임 선생님과도 유기적으로 연락해서 아이의 문제에 대해 함께 이야기하고, 아이의 작은 성공에도 관심을 보이고 칭찬을 해서 아이가 성취감을 맛보도록 해야 합니다.

아이와 이야기를 나눴는데 문제가 심각할 경우에는 전문가와 상담하는 것도 좋습니다. 요즘 각 지역의 교육청에 '위Wee센터'가 있고, 단위 학교에도 전문 상담교사나 'Wee클래스'가 마련되어 있습니다.(Wee는 We + education 또는 We + emotion의 합성어로, 대한민국의 학교, 교육청, 지역사회가 연계하여 학생들의 건강하고 즐거운 학교생활을 지원하는 3단계의 다중 통합지원 서비스망이다.) 해당 지자체에 청소년 상담센터가 마련된 곳도 많으니 적극적으로 활용하시면 됩니다.

학교 가기 싫다는 말을 자주 해요

 보통 초등학생들은 학교 가는 것을 좋아합니다. 집에 있어도 혼자이거나 형제자매가 1~2명밖에 없어서 친구들이 많은 학교에 가는 것을 훨씬 재미있어하고 좋아합니다. 요즘에는 학교 급식도 잘 나옵니다. 집에서 엄마가 해주는 밥도 맛있지만 영양소에 따라 매일 메뉴가 다양하게 나오는 학교 급식을 좋아합니다. 2020년에는 코로나19로 인하여 학교 급식실도 칸막이로 가려져 있어서 친구들과 급식을 먹으며 대화할 수는 없었지만 그런 상황에서도 학교에서 친구들과 함께 먹는 급식을 참 좋아합니다. 이런데 초등학생들이 학교 가기를 싫어한다면? 크게 3가지 이유가 있습니다.

첫째, 학교에서 단원평가를 보거나 발표를 해야 한다

내일 수학 나눗셈 단원평가를 하기로 되어 있습니다. 그 사실을 이미 알고 있지만 정작 공부를 안 했습니다. 아이들은 당장 노는 것이 중요하니까 공부를 안 한 것입니다. '어떻게든 되겠지'라고 생각했을 테지요. 공부를 안 하면 시험에서 당연히 많이 틀립니다.

요즘에는 아이들의 지나친 경쟁을 염려하여 재미있고 즐거운 학교로 만들기 위해 전국의 모든 초등학교에서 일제고사가 폐지되었습니다. 시험이라면 담임 선생님 재량에 따라 시행되는 단원평가와 수행평가 등이 있을 뿐입니다. 그 결과도 각 개인에게 알려줄 뿐 전체 석차를 매기거나 공지하지 않습니다. 그런데 아이들은 평가 결과에 신경 쓰고 다른 친구들의 점수를 궁금해합니다. 본인이 공부를 안 했으면서도 점수가 낮게 나오면 창피해합니다. 결국 아이가 어느 날 학교에 가기 싫다고 하면 그날 학교에서 시험 볼 확률이 높습니다. 또는 본인이 발표하는 차례이지만 준비가 부족해서 불안한 마음에 학교 가기 싫어하는 아이들도 있습니다.

둘째, 친구관계에 문제가 있다

친하게 지내던 단짝과 싸웠거나 누군가와 자꾸 갈등이 생길 경우 아이들은 학교에 가기 싫어합니다. 실제로 학교에서 보면 아이들끼리 잘 맞지 않고 다툼이 잦은 경우가 있습니다. 그러면 교사는 자리 배정을 다시 하거나 모둠을 선정할 때 신경을 쓰고, 가능하면 그 아이들을 멀리 배치합니다.

셋째, 몸이 피곤하다

 요즘 아이들은 스마트폰 게임을 많이 하고 유튜브 영상을 많이 봅니다. 부모님의 감시가 소홀하면 몇 시간이고 게임과 유튜브에 빠집니다. 아직 어린아이들이라 자기 조절 능력이 부족해서 시간 가는 줄 모르고 몰입합니다. 그러다 보니 늦게 자서 잠이 부족한 경우가 있습니다. 어젯밤까지는 게임 속 세상에서 즐겁고 행복했는데 학교에 가면 따분하고 지겨울 뿐입니다. 학교에 가기 싫어지게 됩니다.

 아이가 학교에 가기 싫다는 말을 자주 하면, 왜 가기 싫은지 물어보고 그에 따라 대응해야 합니다. 원인을 찾고, 교우관계에 문제가 있으면 담임 선생님과 상담합니다. 만약 선생님이 싫다는 이유를 대면, 구체적으로 어떤 점이 싫은지 파악하고, 부모님이 선생님의 입장에 대해서 설명하고 설득해야 합니다. 어느 경우에도 담임 선생님과의 상담은 필요하며, 이 상황에 대해 선생님과 문제 의식을 공유하고 해결 방안을 함께 모색해야 합니다.

교과서가 필기한 흔적 없이
깨끗해요

 어느 날 아이의 교과서를 봤는데 수업 내용을 필기한 흔적이 전혀 없었습니다. 놀라는 한편으로 어떻게 된 일인지 알 수 없어서 당혹스러우실 것입니다. 이때는 크게 2가지 방향에서 그 이유를 추론할 수 있습니다.

첫째, 아이가 공부를 안 했다
 아이가 공부를 안 했다고 생각하는 것이 우선 상식적인 판단입니다. 디지털 교과서가 나오고 다양한 수업 방법을 강조하지만 아직까지 대한민국 초등학교에서는 교과서 중심으로 수업합니다. 그런데 교과서에 필기 흔적이 없다면 우리 아이는 수업 시간에 집중하지 않고 낙서를 하거나 딴짓을 한 것입니다.

그렇다면 선생님은 왜 수업에 참여하지 않은 아이를 혼내지 않고 방치한 것일까요?

수업 시간에 딴짓하는 모든 아이들을 한 명씩 지적하면 아예 수업 자체를 진행할 수가 없습니다. 심하게 딴짓하는 아이들의 이름을 부르며 주의를 줄 때도 있지만, 어쩔 수 없이 그냥 수업을 나가는 경우가 대부분입니다. 수업 중 제대로 집중하며 참여하는 아이들은 대략 1/3 정도입니다. 나머지 1/3은 수업에 참여했다가 딴짓하는 행동을 병행하고, 다른 1/3은 아예 수업에 흥미가 없습니다.

요즘 아이들은 대부분 교과서를 학교에 두고 다닙니다. ==그러니 금요일에는 아이들에게 교과서를 집으로 가져오게 해서 부모님이 꼭 확인하시기 바랍니다.== 주말마다 확인하는 것이 힘드시면, 적어도 한 달에 한 번씩은 우리 아이의 교과서를 확인하셔야 합니다. 교과서를 확인하면 여러 효과가 있어서 아이의 교과서를 확인하는 것은 정말 중요합니다. 아이의 수업 참여도와 학습 능력을 파악할 수 있고, 아이에게 긴장감을 심어줄 수 있습니다.

둘째, 학교 수업에서 필기 자체가 없다

아이의 입장에서 긍정적으로 생각해보면 요즘 학교 수업에서는 필기 자체를 안 하는 경우가 많습니다. 저학년의 통합교과에서는 붙임딱지를 붙이거나 교과서 외의 활동 중심으로 수업을 진행하는 경우도 있습니다. 또한 혁신학교에서는 교과서 이외의 교재로 수업을 진행하기도 하며, 시간이 부족하면 담임 교사의 재량으로 중요하지 않은 단원은 생략하고 넘어가기도 합니다. 일부 단원에서는 학습지로 대체해서 운영하는 경우도 있습니다.

　두 가지 방향 모두 우선 우리 아이를 점검해야 합니다. 섣불리 예단하면 안 됩니다. 왜 필기 흔적이 없는지, 평소 수업은 어떤지 등을 아이에게 물어봐야 합니다. 물론 담임 선생님과도 이야기해야 합니다. 수업 태도에 문제가 있다면 수업 태도를 개선하기 위해 가정에서 부모님이 어떤 역할을 하면 좋은지도 선생님과 상담해서 조언을 구해야 합니다.

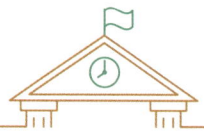

선생님이 자기를 싫어한다고 하는데, 연락해서 여쭤봐야 할까요?

이 문제를 해결하려면 우선 아이와 충분한 대화를 나눠야 합니다. 아이와의 대화를 통해서 구체적인 상황을 파악해야 합니다. ==언제, 무슨 일이 있었는지, 그때 선생님은 어떤 말과 행동을 했으며, 우리 아이는 어떤 반응을 보였는지 알아야 합니다.== 이때 부모님은 선생님의 편을 들지 않고, 아이의 입장에서 공감하며 이야기를 들어줍니다.

기본적인 상황을 다 파악했으면 부모님이 교사의 입장이 되어 생각해봅니다. "앞으로는 이렇게 말하고, 이렇게 행동해봐"라고 아이에게 조언합니다. 그 이후에도 아이가 똑같이 느끼며 상황이 개선되지 않는다면 담임 선생님께 직접 연락합니다. 아이가 담임 선생님이 본인을 싫어한다고 느끼고, 그것이 일회성이 아니라 반복되며 지속될 경우 아예 학교 가기를 꺼릴 수도 있습니다. 그때는 담임 선생님과의 관계에 문제가 있는 것이므로 연락해서 최대한 오해를 풀고 문제를 해결해야 합니다.

담임 선생님에게 연락할 때는 솔직하게 물어보는 것이 좋습니다. 대부분 아이의 오해인 경우가 많습니다. 선생님이 나만 싫어한다고 느끼며, 친구관계에서도 갈등이 많은 시기가 있습니다. 보통 3~4학년 아이들이 그런 이야기를 자주 합니다. 하지만 선생님에게 연락을 해서 문의할 때는 예의를 갖춰서 물어보시기 바랍니다. 똑같은 상황이라도 어떻게 물어보는지에 따라 선생님의 반응이 달라질 수 있습니다. 저도 4학년 담임을 할 때 학부모님과 상담 중 비슷한 말을 들었습니다.

A 방식	"수업 중 아이들이 떠들면 우리 재민이도 많이 혼난다는데 재민이 때문에 수업하기 너무 힘드시죠?"
B 방식	"수업 시간에 아이들이 함께 떠드는데 왜 우리 재민이만 많이 혼내세요? 우리 재민이를 싫어하시나요?"

똑같은 상황이지만, 어떻게 표현하는지에 따라 많이 다르게 느껴집니다.

담임 교사 입장에서는 수업을 하다가 소란스러워서 아이들을 봤는데 재민이가 떠드는 장면을 본 것입니다. 그러면 재민이를 지적합니다. 재민이 입장에서는 방금 민서도 채연이도 함께 떠들었는데 선생님이 본인만 혼을 내는 것입니다. 교사는 직접 본 장면에 대해서만 이야기하기 때문입니다. 그런 상황이 반복되면 재민이 입장에서는 억울하고, 그동안 쌓였던 불만들을 집에서 부모님에게 토로하게 됩니다.

부모님들은 아이들의 학교생활에 관심을 갖고 어떻게 지내는지, 선생님이나 다른 친구들과의 관계에서 문제가 없는지 수시로 물어보셔야 합니다. 문제가 있고 문제 상황이 반복될 경우 담임 선생님과의 상담을 통해 해결 방안을 찾아야 합니다. 그냥 쌓아두면 아이에게도 부모님에게도 좋지 않습니다. 선생님과의 대화를 통해 되레 학교생활에서 반복되는 아이의 문제 행동을 찾을 수도 있습니다. 부부관계에서도 그렇지만 대화하지 않고 본인의 입장에서만 생각하면 오해가 쌓이고, 그 상태가 지속되면 상대에 대한 부정적 이미지가 고착될 수 있습니다. 먼저 아이와 충분한 대화를 해서 상황을 객관적으로 파악하신 후에 문제가 반복될 경우에는 대화를 통해 해결 방안을 모색하시기 바랍니다.

친구들이 모둠활동에서
끼워주지 않는대요

　아이가 학교에서 돌아와 "엄마, 친구들이 모둠활동에서 나를 끼워주지 않아. 너무 짜증나"라고 말한다면 부모님 입장에서는 많이 속상할 것입니다. '혹시 우리 아이의 학교생활에 큰 문제가 있는 건가?'라며 걱정하실 수도 있습니다. 학교에서 보면 실제 모둠활동에 잘 참여하지 못하고 겉돌거나 자꾸 다른 아이들과 갈등을 겪는 아이들이 있습니다. 즉, 부모님이 아니라 교사의 입장에서 교실 상황을 보면, 한 아이의 문제 때문에 갈등이 생길 수도 있다는 것입니다.

　부모님 입장에서는 우선 구체적인 상황부터 파악해야 합니다. 내 아이를 믿는 것과 동시에 내 아이에게 문제가 있을 수도 있다는 전제가 필요합니다. 아이와 충분히 이야기를 나누고, 아이 스스로 해결하도록 유도하는 것이 좋습니다. 해결되지 않고 비슷한 상황이 반복된다면 문제가 있는 것입니다. 특정한 몇몇 아이들과만 갈등이 있는 것이 아니라 모둠이 바뀌어도 같은 문제 상황이 반복된다면 선생님에게 이야기를 해야 합니다. 부모님이 혼자 끙끙 앓는다고 해결되지 않습니다.

아이의 이야기를 듣자마자 바로 선생님에게 연락하는 것은 너무 성급합니다. 내 아이 자체에 문제가 있지 않은지 먼저 살펴봐야 합니다. 간혹 이기적이고 본인 주장만 하며 자신의 뜻대로 되지 않으면 화를 내는 아이가 있다면 당연히 다른 친구들이 피할 수밖에 없습니다. 반마다 그런 성향의 아이들이 1~2명씩 있습니다. 내 아이가 그런 1~2명에 속할 수도 있습니다. 따라서 우리 아이의 성향과 태도를 먼저 살펴본 후 담임 선생님과 상담해야 합니다.

모둠활동에 잘 참여하지 못하는 아이는 전반적인 교우관계에 문제가 있고, 다른 친구들과의 의사소통에도 문제가 있다는 의미이기도 합니다. 저학년이라면 집에서 부모님과 아이가 함께 보드게임을 하면서 아이의 말과 행동을 살펴보며 지도하시는 것이 좋습니다. 다른 친구들을 집으로 초대해서 함께 놀도록 하고, 아이에게 의사소통하며 활동하는 기회를 마련해줍니다.

고학년이라면 문제가 조금 심각합니다. 해가 거듭되면서 다른 친구들과의 갈등이 고착된 것이기 때문에 담임 선생님과 상담을 통해 구체적인 상황을 파악해야 합니다. 해결 방안을 찾기 어려울 경우에는 전문가와의 상담도 고려할 수 있습니다. 요즘 학교에는

'Wee클래스'가 있고, 전문 상담교사가 배치된 곳이 많습니다. 각 지역 교육청에는 전부 'Wee센터'가 개설되어 있습니다. 전문가와의 상담을 통해 우리 아이의 의사소통, 친구들과의 교류 등을 점검하시기 바랍니다. 문제가 있는데도 대수롭지 않게 여기다가 아이가 중학교에 진학하게 되면 자칫 왕따나 학교폭력 등의 문제로까지 심화될 수 있습니다. 가급적 초등학교 때 문제 해결의 실마리를 찾을 수 있도록 부모님이 노력하고 도와주셔야 합니다.

아이가 친구에게 맞고 왔어요.
친구 부모에게 바로 연락해도 되나요?

아이가 친구에게 맞고 왔다고 하면 부모님 입장에서는 많이 놀라고 속상하실 것입니다. 하지만 최대한 흥분하지 마시고, 가장 먼저 아이와 이야기를 해서 구체적인 자초지종을 파악해야 합니다. 육하원칙, 즉 '누가who, 언제when, 어디서where, 무엇을what, 어떻게how, 왜why'에 입각하여 정확하게 사건을 알아봅니다.

아이가 이야기하는 것을 메모하는 것이 좋고, 녹음하는 방법도 좋습니다. 아이들은 시간이 조금만 지나면 있었던 일도 기억하지 못하고 혼동하는 경우가 많습니다. 그 후에 담임 선생님께 연락해야 합니다. 그 일이 향후 아이의 학교생활에도 영향을 미칠 수 있기 때문에 담임 선생님이 사건을 파악하고 있어야 합니다.

아이의 친구 부모님에게 바로 연락하는 것은 안 됩니다. 자칫 아이 싸움이 어른들의 싸움으로까지 확대될 수 있습니다. 실제로 학교에서 가끔 그런 경우가 있습니다. 주말 아파트 놀이터에서 아이들끼리 놀다가 다툼이 생기자 한 아이의 부모가 상대 아이를 혼내고 그것이 어른들의 싸움으로까지 번져서 확대되는 경우입니다. 교사는 그런 상황을 모르고 있다가 나중에 전해 듣고 놀라게 됩니다. 직접 이야기를 나누고 싶더라도 선생님에게 상황을 설명한 후에 상대 부모님의 연락처를 받아서 소통해야 합니다. 부모님은 내 아이가 맞았기 때문에 그 상황에서 이성적으로 판단하기 어렵고 감정적으로 대응할 수 있습니다. 그러면 일은 꼬이고, 합리적으로 해결되기 어렵습니다.

 자초지종을 파악했는데 내 아이가 먼저 놀렸거나 시비를 걸었을 수도 있습니다. 확인 결과 ==내 아이의 잘못이라면 아이에 대한 지도를 우선 해야 합니다.== 물론 아이가 잘못했다고 해도 상대 아이가 때린 행동이 정당화될 수는 없습니다. 아이가 자신의 잘못을 분명히 시인해야 하며, 상대방 아이에게서도 때린 행동에 대한 사과는 받아야 합니다. 또 상대 아이의 사과를 받고 싶다면 부모님이 아니라 ==아이가 사과를 받고 학교 안에서 해결되도록 해야 합니다.== 아이들은 학교라는 울타리 안에서 생활하는 데다 담임 선생님이 그런 전반적인 상황을 파악하고 있는 것이 아이들에게도 좋습니다. 아이의 싸움이 어른들의 싸움으로까지 확대되지 않도록 참고 지혜를 발휘해야 합니다.

아이끼리 싸웠는데 상대 아이 부모가 학폭위를 열겠다는데 어떻게 진행되나요?

"학교폭력"은 학교 내외에서 학생들을 대상으로 발생한 폭행, 감금, 협박, 명예훼손, 공갈, 성폭력뿐만 아니라 강제적인 심부름, 따돌림, 사이버 따돌림 등 신체적, 정신적 또는 재산상 피해를 수반하는 모든 행위를 말합니다. 과거에는 상대방을 때리거나 돈을 빼앗는 등의 직접적인 학교폭력이 대부분이었는데, 최근에는 카카오톡 단체방에 초대한 후 '투명 인간' 취급을 하면서 험담을 하는 것 같은 사이버 따돌림도 자주 발생한다고 합니다.

2019년까지의 학교폭력 처리 절차는 다음과 같았습니다. 학교폭력 사실이 신고되면 학교에 학교폭력대책자치위원회(학폭위)가 개최되어 학교폭력이 있었는지 여부를 판단하고, 학교폭력이 있었다고 판단하면 가해 및 피해 학생에게 일정한 조치를 내리게 됩니다. 학폭위에서 내리는 가해 학생에 대한 조치는 학교폭력의 정도와 지속성에 따라 모두 9개로 구분됩니다. 가장 가벼운 조치부터 나열하면 서면사과, 보복행위의 금지, 학교에서의 봉사, 사회봉사, 특별교육 이수, 출석 정지, 학급 교체, 전학, 퇴학 처분 등 총 9개입니다. 이러한 조치를 받게 되면 생활기록부에 조치 사항이 기재되어 추후 진학 과정에서 불이익을 받을 우려가 있는데, 이는 가장 가벼운 조치인 서면사과의 경우에도 동일합니다.

그런데 '학교폭력예방 및 대책에 관한 법률'이 개정되어 2019년 8월부터 경미한 학교폭력 사안은 학교장이 자체 해결하고, 학교폭력대책자치위원회는 교육지원청으로 이관되었습니다. 즉, 2019년 9월부터 학교폭력 피해 학생과 보호자가 학폭위를 열지 않는 것에 동의하면 학교장이 자체적으로 학교폭력 사건을 해결할 수 있는 제도가 시행된 것입니다. 학교장 자체 해결제가 도입된 것은, 모든 학교폭력 사건을 반드시 학폭위에 회부하도록 했더니 교사의 행정적인 부담이 늘어나고 교사·학생·학부모가 잘잘못을 따지는 데 온 힘을 쏟는 부작용이 있다는 지적에 따른 것입니다. 학교 자체적으로 꾸린 학폭위 위원 과반수를 전문성이 부족한 학부모로 구성하는 점도 문제점으로 지적되었습니다.

다만 2주 이상의 신체적·정신적 치료가 필요하다는 진단서가 발급된 경우, 재산상의 피해가 있거나 그 피해가 복구되지 않는 경우, 학교폭력이 지속적인 경우, 학교폭력을 신고·진술했다는 등의 이유로 발생한 보복행위인 경우 등은 학교장이 자체적으로 해결할 수 없고 반드시 학폭위에 회부해야 합니다.

아이끼리 싸워서 상대 학부모가 학폭위 개최를 요구할 경우 ==피해 정도를 파악해서 사안이 경미할 경우라면 학교장 자체 해결로 처리될 확률이 높습니다.== 예전에는 아이들끼리 놀다가도 다툼이 있을 경우에 "너! 가만 안 둬. 학폭위에 신고할 거야!"라고 말하는 아이도 있었지만 교육청 이관 후에는 학폭위 개최 자체가 많이 줄었습니다. 즉, 학교장 자체 처리는 학교폭력의 정도가 경미하고 피해 학생과 가해 학생 간에 원만한 화해와 합의가 있을 경우 내려집니다. 이럴 때는 대부분 공식적인 처분이 내려지지 않고 사안이 종결되는 경우가 많습니다.

아이끼리 싸웠는데 ==상대편 아이 부모가 학폭위를 열겠다고 계속 주장할 경우 정식으로 각 교육청의 학교폭력대책심의위원회에 회부됩니다.== 교육장이 청소년 전문가 등을 학폭 위원으로 임명 위촉하고, 위원장을 지명하도록 합니다.

경미한 학교폭력을 학교장이 자체 해결한 경우 피해 학생과 보호자가 원칙적으로 심의위원회 개최를 요구할 수 없습니다. 학폭위는 교육지원청으로 이관되지만, 학교장이 자체 해결할 만큼 경미한 사안인지를 심의하는 전담기구는 학교에 구성합니다. 이 전담기구에 학부모들이 3분의 1 이상 참여하고, 각 학교운영위원회가 구성원을 선출하도록 했습니다.

기존 절차대로 학교에서 학폭위가 열렸을 때는 학교별로 가해자에 대한 처벌이 천차만별이었습니다. 그 이유는 학폭위원의 과반

수가 학부모이고, 교사와 지역사회 인사, 전담 경찰관으로 구성되어 있어서 보통 관대한 처분을 내렸기 때문입니다. 하지만 개정된 절차에서 교육청의 학폭위에서는 보다 전문가들로 구성원들이 구성되며, 각 학교에서 요구한 학교폭력 사안을 종합하여 처리하다 보니 실제 심각한 학교폭력 사안에 대해서는 강력한 처벌이 내려집니다.

학폭위의 징계 처분 결과를 피해자나 가해자가 인정하지 않을 수도 있습니다. 그럴 경우 ==재심청구 및 행정심판, 행정소송 등의 방법으로 이의를 제기할 수 있습니다.== 재심청구는 전학과 퇴학의 징계가 내려졌을 때만 가능하며, 초등학생이라면 퇴학이 없기 때문에 전학 처분의 경우에만 해당됩니다. 행정심판은 전학과 퇴학 외의 징계 처분에 이의 제기할 때와 재심청구 결과에 다시 이의 제기를 하고 싶을 때 활용합니다. 끝으로 행정소송은 행정심판의 결과에 불복할 때 이용합니다. 이러한 학폭위 징계처분에 대한 이의 제기는 대부분 법률사무소의 도움을 받아 진행됩니다.

스마트폰을 사달라고 떼를 쓰는데 어떻게 설득해야 할까요?

스마트폰은 최대한 늦게 사주는 것이 좋습니다. 제 일방적인 주장이 아니라 많은 전문가들의 공통적인 의견입니다. 어린 학생들이 스마트폰을 과도하게 사용할 경우 뇌 발달에 큰 문제가 생깁니다. 많은 교육·의학 전문가들은 만 12세까지를 정서 발달이 이뤄지는 시기이자, 아이들의 집중력과 관련되는 뇌의 전두엽이 크게 발달하는 시기로 봅니다. 이 중요한 시기에 시청각적 자극이 강한 스마트폰 영상을 많이 본 아이들은 학습부진을 겪고, 충동적이거나 사회성이 부족할 수 있습니다.

최대한 늦게 사주거나, 가능하면 초등학교 때는 사주지 않는 것이 맞습니다. 하지만 강압적, 일방적으로 결정하면 아이의 반발을 불러올 수 있습니다. 먼저 아이에게 스마트폰이 필요한 이유를 묻고 대화를 나눕니다. 단순한 게임 용도로 스마트폰이 필요하다고 한다면 부모님의 휴대폰이나 PC를 이용하여 거실에서 시간을 정해 규칙적으로 게임을 하도록 정합니다. 초등 6학년인 제 아이도 일주일에 2번, 주말에만 1시간씩 친구들과 게임을 합니다.

스마트폰의 재미를 대체할 수 있는 물건을 사주는 것도 좋습니다. 아이가 좋아하는 보드게임, 운동 기구 등도 괜찮습니다. 제 주변의 동료 선생님은 자신의 3학년 아이가 스마트폰을 사달라고 계속 요구하자 아이가 평소 원했던 과학 전집을 사줬다고 합니다.

평소에 휴대폰의 문제점과 부작용을 지속적으로 이야기하며, 관련 영상을 아이와 함께 보는 것도 좋습니다. 아이가 스마트폰의 문제점을 납득하고, 스스로 스마트폰 사용을 자제할 수 있는 능력을 갖추게 해야 합니다. 부모님이 강압적으로 말하는 것과 아이 스스로 쓰지 않겠다고 말하는 것은 다릅니다. ==적어도 아이 스스로 스마트폰 사용 조절 능력이 있을 때 사주는 것이 좋습니다.== 맞벌이 부모님이 아이와 긴급하게 연락하기 위해 불가피하게 휴대폰을 사줄 경우에는 키즈폰이나 2G폰을 사주는 것도 하나의 방법입니다.

스마트폰은 사주는 순간 후회하고, 많은 경우 부모와 자식 관계에서 갈등의 씨앗이 됩니다. 아이 스스로 스마트폰의 문제점을 인식하고 절제할 수 있을 때까지 최대한 늦게 사주시고, 이미 사주셨다면 어느 정도 부모님의 개입은 불가피합니다.

아이가
스마트폰 중독인 것 같아요

요즘 어른이든 아이든 스마트폰을 손에서 떼어놓지 않습니다. 지하철에 타서 자리에 앉으면 맞은편에 앉아 있는 승객 7명 중 5~6명 정도는 스마트폰을 보고 있습니다. 지하철에서 더 이상 책을 읽거나 신문을 보는 사람을 찾아볼 수 없습니다.

아이들도 마찬가지입니다. 여성가족부가 2019년 초등(4학년)·중등(1학년)·고등(1학년) 청소년 128만 6567명을 설문조사한 결과 이 중 20만 6102명(16.0%)이 인터넷·스마트폰 과의존 위험군에 있는 것으로 파악되었다고 밝혔습니다. 일상생활이 힘들 정도로 의존이 심해 전문가 도움이 필요한 학생도 3만 명 가까이 되었습니다.

스마트폰 중독의 가장 커다란 문제점은 좌우 뇌의 불균형입니다. 사람의 두뇌는 좌반구와 우반구로 나뉘어 있습니다. 좌뇌는 언어, 글자, 수 등을 관리하고, 우뇌는 공간, 그림, 창의 등을 담당합니다. 아이가 스마트폰의 일방적인 자극에 지속적으로 노출될 경우 우뇌의 발달이 뒤처지는 '우뇌 증후군'이 생길 수 있습니다. 아이가 스마트폰에서 강한 자극을 지속적으로 접하게 되면, 두뇌에서 학습을 관장하는 전두엽이 발달하지 못해 심각한 장애가 나타날 수도 있습니다.

우리 아이가 스마트폰 중독에서 벗어날 수 있는 4가지 해결법을 소개합니다.

첫째, 부모가 솔선수범하자

부모님들 중에서도 스마트폰 중독이 있는 분이 많을 것입니다. 본인은 계속 휴대폰을 손에서 놓지 않으면서 아이들에게 스마트폰을 사용하지 말라고 하면 설득력이 떨어집니다. 부모님이 솔선수범해서 스마트폰을 멀리하고 책을 읽는 모습을 보인다면 자연스럽게 아이들도 그 영향을 받을 것입니다. 집에서 책을 읽는 부모의 모습은 가장 아름답고 이상적이라고 생각합니다.

둘째, 사용 시간에 제한을 두자

어쩔 수 없이 스마트폰을 사줘서 아이가 사용하는 경우에 ==아이와 스마트폰 사용에 대해 약속을 정해서 이용 시간을 제한해야 합니다==. 지금 사용하는 시간의 평균치를 내서 그 시간보다 점진적으로 조금씩 줄여나가고, 아이가 새로운 사용 시간을 수긍할 수 있어야 합니다. 그에 따라 아이에게 보상도 해야 합니다. 특히 잠자리 사용을 제한해야 합니다. 스마트폰 보관함을 만들어서 취침할 때 가족들의 스마트폰을 함께 보관하는 것도 좋습니다.

셋째, 스마트폰 관리 어플을 사용하자

구글 플레이스토어에서는 자녀 보호 기능을 설정해서 자녀 계정을 관리할 수 있습니다. 아이폰에서는 스크린타임이 있고, 통신 3사별로 자녀 휴대폰 관리 애플리케이션이 있습니다. 일방적으로 스마트폰 사용만 통제하는 것보다 공부 시간도 측정할 수 있는 유익한 애플리케이션이 많으니 병행해서 사용하면 좋습니다.

넷째, 아이와 함께 시간을 보내거나 몸을 움직이는 활동을 하자

너무 뻔한 해결법이라고 생각할 수 있지만 실천할 경우에 효과가 탁월합니다. 아이와 함께 자전거를 타거나 주말마다 등산을 하거나 배드민턴이나 탁구 등의 운동을 함께하면 좋습니다. 아이와 함께 운동을 즐기면 아이가 스마트폰 사용만큼 재미를 느끼고 몸도 건강해지는 효과가 있습니다. 가족 간의 유대감도 강해지고, 시간 활용 측면에서도 효과적입니다.

아이돌 가수에게
심하게 빠져 있어요

기본적으로 아이들은 연예인에 관심이 많습니다. 그 나이에는 당연한 일입니다. 그 현상을 나쁘다고 말할 수 없습니다. 아이돌 가수의 노래를 외워서 부르고 뉴스를 검색해서 봅니다. 아이돌 굿즈idol goods를 구입하기도 합니다. 하지만 적정한 선을 지켜야 합니다.

취미 생활이나 여가 활용 수단으로 아이돌 가수를 좋아할 수 있지만, 아이의 일상생활에 문제가 있으면 제재해야 합니다. 아이의 용돈 수준에서 과도하게 굿즈를 구입하고 콘서트에 가기 위해 학교를 무단으로 빠지거나 팬클럽 활동을 하려고 학교 공부에 소홀히 하면 안 됩니다.

부모님이 너무 강압적인 방법으로 반대하면 아이와의 사이가 멀어질 수 있으니 적정한 선에 대해 평소 아이와 이야기를 나눠야 합니다. 왜 그 아이돌 가수가 좋은지, 어떤 장점이 있는지 등을 묻고, 아이를 이해하며 공감하는 입장에서 부모님도 아이돌 가수에게 관심을 가져주세요. 사실, 아이가 좋아하는 아이돌 가수를 부모님이 함께 좋아하는 것이 가장 이상적입니다. 공동의 목표를 설정해서 아이가 학생으로서 해야 할 일에 대해 이야기를 나누며 설득해야 합니다. 아이돌의 콘서트에 부모님이 함께 가서 공감해주는 것도 좋습니다.

중요한 것은 <mark>아이의 마음에 공감하고 소통하려는 노력입니다.</mark> 아이돌 가수뿐만 아니라 게임도 마찬가지입니다. 무조건 못하게 막기보다는 아이가 어떤 게임을 좋아하며 왜 좋아하는지 파악해서 이해하려고 노력해야 합니다. 부모님의 따뜻한 관심으로 적정한 선을 함께 찾아봐야 합니다.

요즘 초등학생들에게 방탄소년단BTS의 인기는 상상을 초월합니다. 아이들의 카카오톡 프로필에도 "아미ARMY가 된 날 D+200일", "소중한 정국이", "널 사랑해 지민" 등이 많습니다. 이런 모습은 당연한 일입니다. 부모님들이 학생일 때도 서태지와 아이들, HOT, 젝스키스, 신화, GOD, 핑클, SES 등에 열광하고 좋아하는 노래 가사들을 외웠을 것입니다. 학업에 문제를 일으키고 일상생활에 지장을 줄 정도가 아니라면 억지로 막을 수 없습니다. 대신 아이들이 좋아하는 가수의 노래뿐만 아니라 동요, 국악 등 다양한 음악에 자연스럽게 노출시켜 줄 필요도 있습니다. 평소 부모님들이 차로 이동하거나 집에서 여유 시간이 있을 때 자연스럽게 틀어놓는 것입니다. 저도 학교에서 아침활동 시간에 아이들이 평소 접하지 못했던 음악들을 종종 틀어놓습니다. 이날치의 "범 내려온다"와 "어류도감", 각 지역의 민요와 클래식 음악 등을 들려줍니다. 그러면 아이들이 관심을 보이며 제목을 묻거나 신기해하며 흥얼거리기도 합니다.

"아는 만큼 보인다"라는 말은 음악에도 적용됩니다. 우리 아이들의 취향은 존중해주시되, 다양한 음악에 노출시켜주시기 바랍니다. 아울러 본인의 할 일을 제대로 하며 아이돌 가수를 좋아하는 것이 본인 자신에게도 도움이 된다는 점을 평소 대화를 통해 인식시켜야 합니다.

집이 아니면
화장실을 못 가는데 어쩌죠?

　의외로 학교에서 똥을 잘 싸지 못하는 아이들이 많습니다. 여러 가지 이유가 있습니다. 요즘에는 가정에 비데가 많이 설치되어 있는 반면, 대부분의 학교에는 비데 시설이 없습니다. 화장지로 일 처리를 하는 것이 익숙하지 않은 상황입니다. 저 역시 그런 이유로 가능하면 집에서 볼일을 보고 학교에서는 최대한 참는 편입니다. 아무래도 집의 익숙하고 깨끗한 화장실보다 학교 화장실은 청소를 한다고 해도 집 화장실보다는 더럽고 낯설 수밖에 없습니다. 오래된 학교일수록 양변기가 아니라 화변기(쭈그리고 앉아서 대소변을 보게 되는 수세식 변기)가 설치된 곳이 많습니다. 양변기만 쓰던 아이들은 화변기를 보고 어떻게 앉아야 하는지도 몰라서 당황하고, 그래서 볼일을 보지 않고 참는 경우가 있습니다.

초등학생들은 '똥', '방구'라는 말에 참 관심이 많습니다. 쉬는 시간에 누가 화장실에서 똥을 싸는데 소리가 나거나 냄새가 나면 밖에 있는 다른 아이들이 민감하게 반응합니다. 누가 똥을 쌌는지 궁금해합니다. 밖에서 기다렸다가 누구였는지 확인하기도 합니다. 이러니 아이들은 마음이 편하지 않고 화장실 가는 게 싫을 수 있습니다.

똥 싸는 시간이 부족할 수 있습니다. 초등학교는 수업 시간이 40분이고, 쉬는 시간이 10분입니다. 남자 화장실은 소변기와 대변기가 구분되어 있지만 여자 화장실은 그렇지 않습니다. 선생님이 수업을 조금 늦게 끝냈거나 화장실을 이용하는 학생들이 많을 경우 쉬는 시간 동안 변을 보는 데 시간이 부족할 수 있습니다. 대기하는 줄이 길면 그냥 참는 경우가 있습니다.

그러면 아이들이 학교에서 똥을 제대로 싸게 하기 위해서 어떻게 지도해야 할까요?

화장실용 물티슈를 사주세요. "크리넥스 마이비데", "깨끗한 나라 닥터비데", "베베숲 비데티슈" 등을 추천하는데요. 저도 애용하고 있습니다. 대신 아이 학교 화장실에 휴지통이 있는지 확인하실 필요는 있습니다. 요즘 학교 화장실에 휴지통이 없는 경우가 많아서 변기에 넣고 물을 내리면 자칫 막힐 수도 있거든요. 이렇게 챙겨주시고, 아이들이 학교 사물함에 보관하고 사용하게 하면 됩니다.

쉬는 시간에 변 볼 시간이 부족하면 아예 수업 시간에 마음 편하게 화장실을 이용하는 것도 하나의 방법입니다. 담임 선생님에게 배가 아파서 보건실에 간다고 하거나 잠시 화장실에 가겠다고 하면 뭐라고 할 선생님은 아무도 없습니다. 똥을 싸기 위해 화장실에 가는 것도 배가 아픈 것은 맞습니다. 일부 아이들은 쉬는 시간에 실컷 놀고 수업을 시작하면 그때 화장실에 가겠다는 경우도 많습니다. 교사 입장에서는 아이들의 행동이 얄밉고 못마땅하지만 화장실에 가겠다는 것을 막을 수는 없습니다.

끝으로 아이들이 평소 다양한 화장실을 사용해볼 필요가 있습니다. 너무 깨끗한 집 화장실에서만 큰일을 볼 수 있게 적응되면 나중에 문제가 될 수 있습니다. 고속도로 휴게실 화장실이나 공공장소의 화장실 등 집 외의 시설을 평소 자주 이용해서 학교 화장실도 너무 낯설게 느끼지 않도록 해야 합니다.

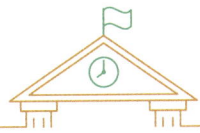

아이가 편식이 심한데
선생님이 억지로 먹게 하신대요

사실 교사 입장에서 아이들의 급식 지도에 어려움이 많습니다. 어떤 아이든 싫어하는 음식이 몇 개씩 있고, 학기 초에 학부모님들의 의견을 들어보면 아이들의 편식을 신경 써서 교육해달라는 요구도 매번 있습니다.

학교에서 어느 정도의 급식 지도는 필요합니다. 하지만 교사가 억지로 먹게 하는 방법은 옳지 않습니다. ==그럴 경우에는 담임 선생님에게 연락해서 정중하게 부탁하세요.== "우리 아이가 급식 시간이 너무 싫대요, 다 먹도록 강요하지 마세요"라고 말하는 것보다는 "우리 아이가 편식이 심한 것을 잘 알고 있습니다. 가정에서도 노력하고 있습니다. 학교 급식 시간을 힘들어하니 이해를 부탁드립니다" 또는 "우리 아이가 당근을 싫어합니다. 다 먹도록 하면 무리가 되니 일단 1~2개만 맛보도록 지도해주세요"라고 말씀하시는 것이 좋습니다.

편식 개선을 위해 부모님께서도 실제로 지도해주셔야 합니다. 아이가 싫어하는 음식이 무엇이며 왜 싫어하는지 그 원인을 파악합니다. 대부분 실제로 먹어보지도 않고 색깔, 모양, 냄새 등의 이유 때문에 싫어하는 경우가 많습니다. 그럴 경우 싫어하는 음식의 영양소와 장점을 이야기해주고, 올바른 영양소 섭취가 중요한 이유를 강조해서 설명합니다. 균형 잡힌 식습관이 얼마나 중요한지 이해하고 나서 ==아이 스스로 골고루 먹어야겠다고 인식하는 것이 중요합니다.== 가정에서 아이가 평소 싫어하는 재료를 좋아하는 음식에 넣어 조금씩 먹도록 하는 것도 방법입니다.

편식은 쉽게 개선되지 않습니다. 매일 꾸준하게 반복해서 교육해야 합니다. 특히 저학년 아이들에게는 반드시 편식 지도를 해야 합니다. 저학년 아이들은 본인이 싫어하는 음식은 아예 먹지 않고 먹을 생각도 안 하기 때문입니다. 부모님이나 교사가 그대로 방치할 경우에는 '나는 먹고 싶은 것만 먹으면 되는구나'라고 생각해서 콜라, 인스턴트식품 등에 빠질 수 있습니다.

현실적으로 교사가 25명 정도 되는 많은 아이들의 편식 지도를 꼼꼼하게 하는 것은 불가능합니다. 부모가 못하는 것을 담임 교사에게 강요할 수도 없습니다. 편식 지도는 가정에서 부모님의 역할이 중요합니다. 예전처럼 전부 먹게 하는 강압적인 방법은 부작용이 있으니 용기를 내서 조금씩 먹을 수 있도록 응원하면 좋습니다.

나이를 먹으면서 편식은 조금씩 개선되고 식성이 변하는 경우도 많으니 너무 조급하게 생각하지 마시고, 아이의 건강을 우선순위에 두고 접근하시기 바랍니다.

학년별로 용돈은
얼마가 적당할까요?

초등학생들에게 용돈을 언제부터 얼마나 줘야 하는지 정답은 없습니다. 가정마다 아이마다 상황이 다르고, 실제 주는 금액과 시기도 모두 다릅니다. 예전에는 초등학생들에게 용돈을 저축의 개념을 강조하기 위해 많이 이용했지만, 요즘에는 올바른 소비 개념을 익히는 용도로 많이 이용합니다.

보통 초등학교 3학년 때부터 용돈을 주는 경우가 많습니다. 1학년 아이들에게 주는 경우도 있지만 ==아이들이 돈의 가치를 판단할 수 있을 때부터 주는 것이 바람직합니다.== 100원과 1,000원은 다르고, 100원과 1,000원으로 살 수 있는 물건도 다르다는 것을 명확하게 인식할 때 주는 것이 좋습니다. 학년이나 나이로 구분하는 것이 아니라 아이가 돈의 개념을 인식할 수 있을 때부터 주는 것입니다.

용돈을 줄 때는 보통 저학년이나 중학년들은 3~4일에 한 번, 1주일에 한 번씩 기간을 짧게 해서 주는 것이 좋습니다. 고학년인 5~6학년 아이들에게는 1달에 한 번씩 주는 것이 좋습니다. 정해진 일정에 맞춰 용돈을 줘야 아이들이 본인의 용돈으로 계획적인 소비를 할 수 있습니다.

용돈을 주기 전에 반드시 아이와 협의해야 합니다. 용돈이 얼마나 필요하고 왜 필요한지 아이와 부모님이 협의한 후에 금액을 정하고 그에 따라 지급해야 아이도 인정하고 받아들일 것입니다. 그리고 용돈 기입장은 반드시 작성하는 것이 좋습니다. 돈을 아끼거나 부모님이 검사하려는 목적이 아니라 ==아이 스스로 수입과 지출을 파악할 수 있도록 용돈 기입장을 써야 합니다.== 즉, 합리적인 소비를 위해 용돈 기입장 쓰기를 습관화해야 합니다. 아이가 쓰는 용돈이나 용돈 기입장에 대해서는 부모님이 크게 간섭하지 않아야 합니다. 아이에게 용돈을 준 이상 본인이 돈을 모아서 어떤 것을 사든 아이가 알아서 판단할 일입니다.

저는 초등학생 아이에게 3학년 때부터 용돈을 매주 1,000원씩 주기 시작했고, 지금은 6학년이어서 매달 10,000원씩 주고 있습니다. 아이는 연습장에 용돈 기입장을 작성하고 있는데, 제가 기록을 제대로 하는지만 가끔씩 확인합니다.

아이들의 용돈 외에 어린이날이나 추석 등의 가족 모임에서 친척들이 용돈을 주거나 설날 세뱃돈 등 갑자기 큰돈이 생기는 경우도 있습니다. 그럴 때는 그 돈을 어떻게 사용할지 아이와 미리 이야기해야 합니다. 어떤 아이들은 자신의 돈이니까 마음대로 사고 싶은 것을 사겠다고 떼를 쓰는 경우도 있습니다. 그렇게 큰돈은 함께 은행에 가서 아이 이름으로 통장을 만들어 저축을 하는 것이 좋습니다. 저는 이 통장 만드는 것을 강력 추천합니다. 적은 돈이지만 이자도 붙을 뿐만 아니라 은행의 역할도 알게 되면서 자연스럽게 경제 교육까지 병행할 수 있습니다. 참고로, 아이의 통장을 만들 때는 가족관계증명서(일반), 주민등록등본(5개월 이내), 자녀 기본증명서(상세), 자녀 도장, 보호자 신분증이 필요합니다.

용돈과 관련해서 주의할 점이 하나 있습니다. ==집안일이나 학교의 시험 성적으로 주는 것은 지양해야 한다는 것입니다.== 집안일은 가족 구성원이면 당연히 함께해야 하는 것으로 그 일로 돈을 주는 것은 좋지 않습니다. 또 학교 단원평가에서 100점 맞으면 1,000원처럼 시험 성적과 돈을 결부시키는 것도 피해야 합니다. 그렇게 되면 앞으로도 아이가 성적을 지나치게 돈과 연계해서 생각할 수 있기 때문입니다. 차라리 학교에서 시험을 잘 보면 그에 따라 칭찬을 해주고 맛있는 음식을 먹는 방법이 적절합니다.

아이가 학급 임원·전교 어린이 회장 선거에 나가고 싶어 해요

　대부분의 학교에서 학급 임원 선거는 1학기와 2학기에 한 번씩 실시하고, 전교 어린이 회장은 1년에 한 번 뽑습니다. 아이가 학급 임원이나 전교 어린이 회장 선거에 나가고 싶다면 부모님이 응원하고 지지해주시면 됩니다.

　가끔 주변에서 보면 전교 어린이 회장 선거가 부모님의 대리전으로 확대되는 경우가 있습니다. 지난해 제가 학교에서 담당했던 업무가 학생들의 자치활동으로, 전교 어린이회 구성 및 운영이었습니다. 부모님이 아이의 연설문을 대신 써주고 홍보 피켓을 만들어주면 표시가 납니다. 또한 지역 맘카페를 통해 상대 후보 아이를 비난해서 선거가 과열되는 경우에는 참 난감합니다. 아이들은 직접 실천 가능한 선거 공약을 만들고, 구체적인 선거 운동 방법을 고민하며, 결과에 깨끗하게 승복하는 일련의 과정에서 많은 것을 느끼고 경험하게 됩니다. 아이가 의지를 가지고 도전하는 것 자체가 의미 있는 일입니다.

우리 아이가 전교 어린이 회장에 나간다면 사실 부모님 입장에서 신경이 쓰이고, 뒷짐만 지고 방관할 수는 없습니다. 그렇지만 선거 운동용 피켓을 만들 때 재료를 구입해주고, 선거 운동 방법과 공약에 대해 이야기를 나누는 정도가 적당합니다. 아이들이 생각하는 공약과 부모님이 바라보는 공약 사이에는 어느 정도 괴리감이 나타날 수 있습니다. 그때 "그 공약은 틀렸어. 그러니까 이렇게 해"가 아니라 "그 공약은 너무 힘들지 않을까?"라고 조언하는 정도는 무방하지만 부모님이 주관해서는 안 됩니다.

전교 어린이 회장 선거의 경우 학부모님들의 관심도 많아서 부모님이 개입해서 당선될 경우 뒷말이 나오는 경우가 많습니다. 선거 홍보물이나 공약에 부모님의 흔적이 보이는 경우가 있는데, 그렇게 개입한다고 해서 당선이 보장되지도 않습니다. 직접 투표를 하는 아이들의 시선과 어른의 시선은 또 다르기 때문입니다.

학급 임원과 전교 어린이 회장은 아이들 위에 군림하는 자리가 아니라 봉사하고 헌신하는 자리입니다. 선거 입후보 전에 그 점을 정확하게 이야기해주시고, 우리 아이가 진정한 민주주의를 경험하는 소중한 기회로 삼을 수 있게 마음으로 응원하고 지지해주시기 바랍니다.

차상위 계층 혜택 신청을
선생님이 다 알게 되나요?

네, 담임 선생님은 알고 있습니다. 그런데 크게 걱정하지 않으셔도 됩니다. 부모님들이 국민학교에 다니던 시절에는 육성회비나 급식비를 내지 않으면 선생님이 다른 아이들 앞에서 망신을 주고 납부를 재촉하던 경우가 있었습니다. 하지만 지금은 그렇지 않습니다. 요즘은 부모님이 행정기관에서 기초생활수급 대상·차상위 계층을 신청하면 행정기관에서 학교의 나이스NEIS 시스템으로 그 결과가 전송됩니다. 따라서 업무 담당 선생님과 담임 선생님은 그 사항을 알고 있습니다.

현실적으로 가정 형편이 어려울 경우 국가의 지원을 받는 것은 당연합니다. 그 지원만큼 혜택을 받아 아이의 교육에 긍정적인 영향을 미친다면 굳이 담임 선생님이 안다고 해서 부끄러울 것은 없습니다. 비밀 유지가 되기 때문에 그 사실이 다른 친구들에게 공개되어 아이가 창피를 당할 일도 없습니다.

담임 교사도 어떤 아이가 기초생활수급 대상자·차상위 계층이라고 차별하거나 편견을 갖지 않습니다. 따라서 크게 걱정할 필요는 없습니다. 대부분 교사들이 아이들이 처한 경제적 상황과 무관하게 선입견 없이 평등하게 대합니다.

요즘은 담임 교사가 아이들에게 직접 돈을 걷는 경우가 없습니다. 각 가정에서 은행 계좌를 하나씩 지정하거나 학교에서 지정해준 은행 계좌를 스쿨뱅킹으로 등록하면 자동으로 우유 급식비, 현장체험 학습비, 방과후 교실 수강료 등이 청구되어 결제되는 시스템입니다.

그럼에도 불구하고, 우리 아이에게 불이익이 있거나 다른 친구들이 알게 되어 상처를 받을까 봐 걱정되신다면 솔직하게 담임 교사에게 우려되는 부분을 미리 이야기하셔도 됩니다. 이미 담임 교사는 알고 있지만 부모님이 염려한다면 그 아이를 대할 때도 조금 더 신경 쓰고 배려해줄 수 있을 것입니다.

Chapter 3

학습 질문:

정말 초3 때부터 격차가 벌어지기 시작하나요?

한자 급수를
따게 해야 할까요?

　대부분의 요즘 아이들은 기본 어휘력이 부족하고 특히 한자를 잘 모릅니다. 본인 이름을 한자로 못 쓰는 경우도 허다합니다. 간혹 성인들 중에도 한자를 사용하지 않고 한글만 사용하는 것을 마치 애국심과 결부해 생각하는 사람들도 있는데, 애국심과 한자 사용은 다른 의미입니다. 그렇다면 초등 한자 교육이 필요할까요?
　현실적으로 아이들이 한자를 너무 모르는 데다 풍부한 어휘력과 사고력을 위해서도 한자 교육은 필요합니다. 즉, 우리말의 약 70% 정도가 한자어로 이루어져 있는 만큼 한자 교육을 하면 아이들의 사고력과 언어 능력을 키울 수 있습니다. 초등학교의 한자 교육이 학생들의 학습 부담을 가중시킬 수 있을 것이라는 우려도 있지만, 아이들의 수준에 적당한 정도의 교육은 필요합니다.

제가 생각하는 초등 한자 교육 방향은 크게 2가지입니다.

첫째, 한자 급수 시험에 대비해 공부한다

목표가 있어야 공부에 집중하는 아이들이 많고, 조금씩 실력이 향상되는 것이 눈에 보이니까 효과적입니다. 실제로 많은 초등학교의 방과후 학교에서 한자 급수 대비 과정을 운영하고 있습니다. 구체적인 급수는 '한국어문회 홈페이지(www.hanja.re.kr)'에서 확인할 수 있습니다. 홈페이지에서는 초등학생은 4급, 중고등학생은 3급, 대학생은 1~2급 취득에 목표를 두고 학습하길 권하지만, 사실 초등학생이 4급을 따는 것은 어렵습니다. 초등학생들은 5급, 중학생은 4급, 고등학생은 3급, 대학생은 2급 정도를 목표로 하면 좋습니다. 한국어문회에서 추천하는 급수보다는 1급씩 낮춰서 대비를 하면 됩니다. 5급은 중급 常用漢字 활용의 초급 단계(상용한자 500자, 쓰기 300자)로 결코 만만치 않습니다.

아이가 싫어하는데 부모님 욕심으로 억지로 교육시킬 필요는 없습니다. 그럴 경우 오히려 역효과가 나타날 수 있으니 차라리 다음의 두 번째 방법을 활용하는 것이 좋습니다.

둘째, 적절한 한자 학습책을 선택해서 공부한다

아이가 원하지 않는데 굳이 급수를 위한 공부를 하게 되면 너무 거기에 얽매일 수 있습니다. 시험 공부보다는 고사성어의 뜻을 알 수 있도록 풀어놓은 책이나 빈도수가 높은 한자어를 묶은 책을 선택하여 아이가 그 책을 읽고 모르는 한자어는 스스로 옥편玉篇을 찾도록 하는 방법을 추천합니다. 평소 생활 속에서 한자를 익숙하게 생각할 수 있도록《마법 천자문》책을 읽거나 한자가 적절하게 혼용된 신문 사설 읽기 등을 하면 좋습니다. 아이들이 한자를 직접 쓰지는 못하더라도 읽을 수는 있어야 합니다.

아이들이 기초한자를 익히면서 한자어와 고사성어의 어원을 알 수 있도록 책 읽기와 연계하는 것도 좋은 방법입니다.《하루 한장 한자》,《기적의 한자 학습》,《기탄한자》등의 책은 급수를 위한 한자 책은 아니지만, 내용 구성이나 짜임새가 상당히 좋아서 추천합니다.

초등 고학년, 중학교 수학 선행학습을 시켜야 할까요?

선행학습先行學習을 국어사전에서 찾아보면, 그 뜻이 "새로운 지식이나 기술을 습득할 때 정규과정보다 시간적으로 앞서 배우는 일"입니다. 초등학교 6학년 학생이 중학교 과정의 수학 공부를 한다면 그것이 선행학습입니다. 과연 초등 고학년 아이에게 중학교 수학 선행학습을 시켜야 할까요?

많은 고학년 학부모님들의 공통된 고민일 것입니다. 결론부터 말씀드리면 이 질문에 명확한 정답은 없습니다. 적어도 초등학교 단계에서는 수학 선행학습이 필요하지 않습니다. 오히려 지나친 수학 선행학습은 아이들에게 독毒이 될 수도 있습니다. 초등학교 수학은 그 내용의 수준이 깊지 않고 양도 많지 않습니다. 수학 시간에는 대부분 교과서의 2페이지를 한 차시 40분 동안 배우게 됩니다. 다시 말해서, 교사는 교과서 2쪽 분량을 가지고 반복 설명을 하면서 40분 한 차시 수업을 운영하는 것입니다. 수학 익힘책을 함께 풀고 학습 능력이 우수한 아이에게는 심화학습지를, 학습이 부진한 아이에게는 보충학습지를 제공하는 경우도 있지만, 현실적으로 학교 현장에서 이렇게 아이들의 수준에 맞는 개별화 교육을 하기는 어렵습니다. 40분이라는 제한된 시간 동안 학급당 평균 25명의 학생들 수준을 각자 파악하여 그에 맞는 지도를 한다는 것은 불가능에 가깝기 때문입니다. 또한 교사들은 잘하는 아이보다는 학습 능력이 부족한 아이에게 더 관심을 쏟는 경우가 많습니다. 일부 학업 능력이 우수한 아이는 옆의 짝에게 수업 내용을 알려주는 경우도 있습니다.

결국 초등학교 수학의 선행학습이 필요하지 않는 이유는 공부 분량이 적고 수준이 깊지 않기 때문입니다. 수학 선행학습을 한 아이들은 아직 어린아이들이기 때문에 문제를 다 풀었으면 다음 내용을 미리 살펴보는 것이 아니라 친구에게 자랑을 하며 놀리는 경우가 많습니다. 수업 내용을 미리 다 알고 있는 아이들은 집중력이 흐트러지고 장난을 치는 경우도 있습니다.

초등학생들은 시간표에 해당하는 과목의 교과서를 펴고 선생님의 수업에 집중해야 합니다. 중고등생들과 달리, 아이들 나름의 융통성을 발휘하거나 시간을 활용할 수 있는 재량이 주어지지 않습니다. 자칫 지나친 수학 선행학습을 할 경우 아이가 오히려 수업 시간에는 딴짓을 하고, 사교육을 통해 수학 공부를 하는 부작용이 생길 수도 있습니다. 그렇게 되면 아이는 수학뿐만 아니라 다른 교과목 수업도 소홀히 여기게 됩니다. 한번 공부 습관이 잘못 형성되면 나중에는 더욱 큰 문제가 생길 수도 있습니다. 적어도 초등학교 단계에서 수학 선행학습은 장점보다는 단점이 훨씬 많고, 그러한 문제를 현장에서 많이 봤습니다.

학습 능력이 우수한 고학년 초격차 아이의 경우 선행학습보다는 심화학습이 우선입니다. 우리 아이가 지금 배우는 내용의 심화 내용까지 완벽하게 이해할 경우에는 아이가 받아들일 수 있는 한도에서 중학교 내용을 선행학습 시키는 것이 순서라고 생각합니다. 즉, 선행학습이 중요한 것이 아니라 ==지금 배우고 있는 내용의 완벽한 이해와 심화학습이 먼저이고, 그 후에 선행학습을 고민하는 것이 맞습니다.==

아이가 책상에 단 10분을
제대로 앉아 있지 못해요

아이가 책상에 단 10분을 제대로 앉아 있지 못한다는 것은 집중력이 부족하고 공부하는 습관이 들지 않았기 때문입니다. 또 주의가 산만해서 가만히 있지 못하는 것입니다. 이런 아이들에게는 우선 아이가 좋아하는 활동을 하며 앉아 있는 연습부터 하게 해야 합니다. 일단 아이가 자리에 앉아 있도록 유도합니다. 처음에는 3분, 5분, 그리고 10분까지 점진적으로 시간을 늘려나갑니다.

특히 움직임 욕구가 강한 저학년 남자아이들은 처음에 앉아 있는 것 자체를 힘들어합니다. 그때는 부모님이 함께 앉아서 공부를 하기보다는 아이가 좋아할 만한 활동을 변형해서 진행합니다. 아이들은 책상 앞 의자에 앉으면 무조건 공부를 하거나 책을 읽어야 한다고 생각하기 때문입니다. 공부는 싫어하지만 그림을 좋아하는 아이들의 경우 숫자를 가지고 그림으로 표현한다거나 엄마와 함께 번갈아 책을 읽고 이야기를 나눕니다. 아이와 함께 자리에 앉아 시각적 놀이를 하는 방법도 있습니다. 예를 들어, 퍼즐 맞추기, 색칠 놀이, 사람 찾기 놀이 등을 하면 아이도 집중하며 좋아합니다. 청각적 놀이로는 암산하기, 청기 백기 놀이, 노래하며 특정 단어에 박수치기 등도 좋습니다.

유치원과 초등학교는 다르기 때문에 반드시 1학년 때부터 자리에 앉아 있는 연습을 해야 합니다. 유치원 수업은 자유롭게 돌아다니며 선생님 주변에 모여서 활동 위주로 진행됩니다. 반면, 초등학교 수업은 바른 자세로 자리에 앉아서 40분 동안 수업에 참여해야 합니다.

매일 규칙적으로 꾸준히 앉는 연습을 통해 앉아 있는 문제가 어느 정도 해결되면 그 이후에 공부 모드로 전환합니다. 물론 그 과정에서 10분간 제대로 앉아 있을 때 부모님이 칭찬해주고 옆에서 함께 독서를 하며 본보기를 보여줘야 합니다.

사실 오래 앉아 있는 것보다 ==매일 규칙적으로 앉아 있는 것이 중요합니다.== 길게 앉아 있는다고 공부를 잘하는 것은 아닙니다. 최소한 매일 스스로 앉아서 공부하는 습관을 갖는 것이 중요합니다. 아이가 자발적으로 매일 꾸준히 앉아서 본인에게 필요한 공부를 할 수 있도록 부모님의 관심과 조언, 모범이 필요합니다. 부모님이 오랜 시간 같이 노력했는데도 아이의 상태가 호전되지 않으면 전문기관에 의뢰하여 심리 상담이나 검사를 하는 것도 좋습니다.

아이가 너무 소극적이고
친구도 없는 것 같아서 걱정스러워요

소극적인 우리 아이, 학교생활을 하는 데 큰 문제는 없을까요? 크게 3가지 관점에서 이야기를 하겠습니다.

첫째, 대부분 큰 문제없다

대부분 큰 문제가 없으니 너무 걱정하지 않으셔도 됩니다. 부모님들은 우리 아이가 수업 시간에 어떤 모습인지, 쉬는 시간에 친구들과 잘 노는지, 누구와 친하게 지내는지 등 아이의 학교생활을 궁금해합니다. 저는 쉬는 시간에 교실에서 아이들이 무엇을 하는지 지켜보는데 아이들의 다양한 모습을 볼 수 있습니다. 친구들과 교실 뒤에서 노는 아이, 함께 보드게임을 하거나 그림을 그리는 아이들도 있습니다. 남자아이들은 잠시 운동장에 나가서 놀기도 합니다. 혼자서 책을 보거나 그냥 앉아 있는 아이들도 있습니다. 그렇게 혼자 있는 아이가 학교생활에 문제가 있을까요? 아닙니다. 어른들 입장에서는 우리 아이가 적극적이고 활발하게 지냈으면 좋겠지만 아이 성향 자체가 조용한 경우도 있습니다. 큰 문제가 되지 않습니다. 혼자 조용히 있는 아이들은 비슷한 성향의 아이들과 함께 어울립니다. 다만 노는 방식이 밖에 나가서 뛰어놀거나 심한 장난을 치는 것이 아니라 아이들끼리 조용히 이야기하며 노는 것일 뿐입니다.

둘째, 친구관계에 어려움을 겪는다면 도와줘야 한다

집에서는 마음껏 스마트폰 게임을 하고, 유튜브와 TV 시청을 하며 본인 뜻대로 할 수 있는데 학교에 오면 친구도 없고 시시하게 느끼는 경우가 있습니다. 요즘은 각 가정에 아이가 1~2명인 데다 친구가 없어도 크게 심심해하지 않습니다. 스마트폰이나 컴퓨터로 게임을 하고, 유튜브에는 아이들의 흥미를 자극하는 영상이 가득합니다. 보드게임과 학습만화도 아주 다양하게 쏟아져 나옵니다. 아이 입장에서는 차라리 혼자서 게임하고 유튜브를 보고 만화책을 보는 것이 더 편하고 재미있을 수 있습니다. 굳이 친구가 없어도 불편함을 느끼지 못하고, 친구의 필요성이 적은 상황입니다. 이런 아이들이 학교에 오면 혼자 있는 경우가 많습니다. 이럴 경우에는 부모님이 옆에서 도움을 주셔야 합니다. 다른 아이들과 함께 노는 것도 재미있고 즐겁다는 것을 알려줄 필요가 있습니다. 예를 들어, 게임을 하더라도 혼자 하는 것보다 친구와 함께해야 더 재미있다는 것을 이야기해줍니다. 보드게임도 여러 명과 같이 하고, 시합을 하면 더 흥미진진하고 몰입감도 커집니다. 주말이나 방학 때 친구들을 집으로 초대해서 간식을 제공하고, 보드게임을 하며 함께 놀도록 지원하는 방법도 있습니다.

셋째, 지역사회 프로그램을 활용한다

요즘은 학교 외에 지역사회마다 청소년 수련관, 지역 아동센터 등이 잘 운영되고 있습니다. 지역마다 다소 차이는 있지만, 그런 지역사회 프로그램을 활용해서 아이에게 다양한 체험을 하고 다른 친구들을 자연스럽게 사귈 수 있는 기회를 제공하는 것입니다. 프로그램 중 전문가의 아동 상담도 있으니, 우리 아이가 너무 소극적이고 친구가 없다면 자연스럽게 전문가와의 상담을 진행하는 것도 괜찮습니다. 주말 집 근처 체육시설에서 배드민턴, 탁구 등의 운동을 할 수도 있습니다. 무료로 노래방 기계를 이용할 수 있는 지역사회 시설도 있습니다.

사실 아이들이 취미 생활을 할 수 있는 공간이 많이 부족한 것이 현실입니다. 그러한 부분을 학교가 충족시키기에는 한계가 있으므로 지역사회 프로그램과 시설을 최대한 활용해서 우리 아이가 참여한다면 친구관계를 형성하는 데도 많은 도움이 됩니다. 학교 밖 체육이나 토요 스포츠 등을 운영하는 학교도 늘어나고 있으니 알아보시면 좋습니다.

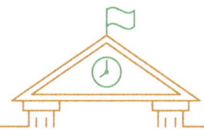

아이가 이것저것 다 배우고 싶다며 학원을 못 끊게 해요

우선 아이가 아무것도 하기 싫어하고 무기력한 것보다 배우고 싶은 것이 있다는 것은 바람직한 일입니다. 다만 아이가 지금 배우는 것들을 전부 소화하고 있는지 파악하는 것이 급선무입니다. 학원에 다니는 것이 능사가 아닙니다. 학원에 다니며 스스로 노력하며 연습하는지 확인해야 합니다.

사실 가정의 경제력이 허용한다면 초등학교 때 다양한 학원을 다니며 여러 분야를 배우는 것은 진로 탐색에 도움이 됩니다. 하지만 가정 경제에 부담이 된다면 솔직하게 아이가 이해할 수 있는 수준에서 이야기를 나눠야 합니다. "우리 집이 가난해", "네가 학원에 많이 다녀서 돈이 부족해"라고 표현하는 것이 아니라 어떤 일이든 불가피하게 '선택'해야 한다는 게 있음을 알려주는 것입니다. 학원은 2~3개까지 허용하며, 어떤 것을 배우는 것이 좋을지 경중을 따집니다. ==아이와 함께 우선순위를 정해서, 각 과정을 배울 때 가장 좋은 점은 무엇이며 어떤 점은 안 좋은지 기록하고 종합적으로 검토해서 순서를 정합니다.== 아이가 배우고 싶어 하는 것을 무조건 지원하는 것도 좋지만 무엇이 중요한지 중심을 잡아주는 것도 부모의 역할입니다.

아이가 학원에 가고 싶은 이유가 무엇인지 대화를 통해 파악할 필요가 있습니다. 그 과목이나 내용을 정말 배우고 싶어서인지, 혹은 친구를 사귀기 위한 목적인지 알아봅니다. 학원 수업 때문에 피곤해서 학교 공부에 소홀하면 안 된다는 점도 강조합니다. 여러 학원을 다니느라 너무 피곤해하거나 학교 숙제를 못하거나 본인이 계획한 공부량을 채우지 못하면 우선순위를 정해서 조절해줘야 합니다.

간혹 학교에서 수업 시간에 학원 숙제를 하거나 쉬는 시간에 학원 과제를 선생님에게 물어보는 아이들이 있습니다. 그것은 주객이 전도된 모습입니다. 예체능의 경우 폭넓은 경험을 위해 학원 수강이 어느 정도 필요합니다. 하지만 교과 학습 측면에서의 학원은 학교 교육을 보조하는 수단으로 활용하는 것이 좋습니다. 부모님은 아이가 학원에 잘 다니고 있는지 부작용은 없는지도 수시로 살펴보셔야 합니다.

아이가 글쓰기를
정말 싫어해요

　대부분의 아이들은 글쓰기를 싫어합니다. 평소 글을 쓸 기회가 별로 없고, 생각하는 것 자체를 싫어해서 국어 시간에 글쓰기를 시키면 싫다고 아우성칩니다. 하지만 당장 중학교에 진학하면 논술형 평가와 수행평가를 많이 보게 됩니다. 특히 중학교 1학년의 경우 자유학년제이기 때문에 중간고사와 기말고사를 보지 않고, 앞서 이야기한 논술형 평가나 수행평가 등을 실시합니다.

　다음의 표는 2020년 경기도 OO중학교 1학년 2학기 교과별 주요 평가 내용입니다.

　이 평가 내용에서 볼 수 있듯이 중학교에서 실시하는 수행평가에서는 대부분 직접 글쓰기를 해야 합니다. 글쓰기를 잘하려면 풍부한 독서가 바탕이 되어야 합니다. 아이들에게 글쓰기의 중요성

| 중학교 1학년 2학기 평가 사항 |

과목	교과별 평가 내용
국어	시 암송 및 감상, 글 요약하기, 배움 과정 포트폴리오 작성
도덕	프로젝트 활동, 인권 침해 사례 8컷 만화 만들기
사회	문화지도 제작, 독서 논술, 공정선거 홍보물 제작
수학	논술형 문제 해결, 마인드맵 만들기
영어	독서활동, 미니북 만들기, 프로젝트, 포트폴리오
한문	한시 부채 만들기, 역사인물에 대한 글쓰기

을 매일 강조하며 억지로 시킨다고 해서 갑자기 글쓰기 실력이 늘지는 않습니다.

일단 아이가 글 쓰는 것을 어렵지 않게 여겨야 합니다. 너무 정형화된 형식을 강조하지 말고 자주 써보게 합니다. 부모님과 함께 써보면서 서로 쓴 글을 바꿔서 읽어보는 것도 좋습니다.

글쓰기 실력을 쉽게 늘릴 수 있는 방법은 ==일기 쓰기와 독서 기록장 쓰기입니다.== 일기를 쓸 때도 10줄 이상 쓰기를 강요하지 말고 아이가 좋아하는 것을 일기 쓰기와 접목시킵니다. 즉, 좋아하는 것을 주제로 글쓰기를 하게 하는 것입니다. 수학을 잘하고 좋아하면 수학 일기를 써도 됩니다. 예를 들어, 엄마가 아이에게 사탕을 10개 줬는데 그중에서 동생이 3개를 빼앗아서 화가 난 상황이라고 가정해보죠. 아이에게 남은 사탕은 몇 개이며 그때 기분이 어땠는지 솔직하게 쓰게 합니다. 한자를 좋아하는 아이는 일기에 한자를 넣게 하고, 책을 좋아하면 책 내용으로 책 일기를 써도 됩니다. 중요한 점은 형식이나 내용이 아니라 ==아이가 직접 글을 쓰고 글 쓰는 것에 부담을 느끼지 않아야 한다는 것입니다.== 글쓰기가 싫다고 죄책감을 느끼거나 쓰기도 전에 한숨부터 나오면 안 됩니다.

부모님께서는 아이가 쓴 글의 수준이 낮더라도 질책하기보다는 격려하고 칭찬해야 합니다. 맞춤법이나 띄어쓰기를 지적해서는 안 됩니다. 계속해서 글을 쓰다 보면 처음에는 3~4줄을 쓰다가 어느 순간 10줄 이상 쓸 수 있습니다. 또는 집에서 부모님과 함께 게임처럼 하나의 주제나 생각에 대하여 3줄 글쓰기, 3문장으로 표현하기 등을 하는 것도 좋습니다.

책을 많이 읽으면 글쓰기 실력 향상이 동반되므로 평소 꾸준한 독서를 강조하며, 인상 깊은 구절을 필사하도록 하는 것도 좋은 방법입니다. 평소 메모하는 습관을 갖도록 권할 필요도 있습니다. 언제든 생각나는 아이디어가 있으면 메모장을 꺼내어 연필로 자유롭게 몇 줄 쓰게 하는 것도 글쓰기 습관을 형성하는 데 도움이 됩니다.

아이가 물을 무서워하는데 생존 수영 수업에 빠질 수 있을까요?

생존 수영은 초등학생이라면 필수로 이수해야 하는 교육과정 중 일부입니다. 무단으로 빠지거나 참여 안 할 수 없습니다. 다만 아이의 건강 상태와 컨디션에 따라 수영 수업 당일에 실습을 하지 않고 빠질 수는 있습니다. 실제 교육을 담당하는 전문 강사들도 실기 교육을 하기 전에 아이들의 건강 상태를 확인하고 열외를 인정해 줍니다.

초등학생 수영 실기, 즉 생존 수영은 지역마다 조금씩 다릅니다. 2019년에는 3학년부터 6학년까지 실시했고, 2020년부터 모든 학년으로 확대되었습니다. 생존 수영은 2014년 세월호 사건 이후 생겼습니다. 보통 매년 생존 수영 4시간, 영법 수영 6시간 등 총 10시간 정도 수영 실기 교육을 받습니다. 생존 수영 교육은 교사가 시키는 것이 아니라 각 지역마다 수영장의 전문요원이나 강사가 실시합니다. 학교에 수영장이 있는 경우 학교 수영장에서 실시하지만 현실적으로 수영장을 갖춘 교육 인프라는 많이 부족한 상황입니다.

생존 수영에서는 말 그대로 아이들이 물에 뜨고 위급상황에서 생존할 수 있는 것이 중요합니다. 우선 생존 수영 교육에서는 안전 수영을 포함하여 자기구조법, 즉 엎드려 떠 있기, 누워 떠 있기 등을 배우고, 기본구조법, 즉 생활용품이나 주변 사물을 활용한 구조법 등을 배우게 됩니다. 물에서 걷기, 벽 잡고 이동하기, 숨쉬기, 물에서 눈 뜨기 등 물과 친해지기, 구명조끼 입고 뜨기, 밖으로 이동하기, 물에서 뜨기, 물에서 탈출하기, 로프 잡기 등의 활동도 합니다.

영법 수영에서는 자유형, 기본 배영, 기본 평영 등 초등학교 체육교육과정과 연계해서 기본적인 영법을 배웁니다. 자유형 중 킥보드 잡고 나아가기, 머리 숙이고 5미터 나아가기, 기본 배영으로 누웠다 일어서기, 누워서 떠 있기, 누워서 발차기 및 간단한 손동작으로 이동하기, 기본 평영으로 평영 다리 젓기, 팔동작 익히기 등을 실시합니다.

생존 수영과 영법 수영을 할 때 담임 교사는 '임장臨場 지도'로 현장에 참여하여 지켜봅니다. 몸이 아픈 아이들은 수영장으로 함께 이동해서 참관교육을 실시하고, 그런 아이들을 돌보면서 수업 내내 지켜보는 역할을 합니다.

저희 반 아이들이 생존 수영하는 것을 지켜보니 학교 근처의 시설에 가서 오전 내내 하루 3시간 정도 수업을 받습니다. 30분 정도 시청각 영상을 통한 안전교육을 받고, 나머지 시간은 생존 수영 실습을 합니다. 안전에 주의해서 전문강사들이 여러 명 배치되어 아이들을 잘 돌봐주고, 모둠별로 구성해서 진행합니다. 생존 수영은 야외에서 하는 경우도 있어서 보통 여름에 하는데 날씨가 안 좋을 경우에는 아이들이 많이 추워합니다. 저희 반 24명 아이들 중 5명 정도는 춥고 컨디션이 안 좋아서 밖에서 실습하는 것을 지켜보았습니다.

영법 수영은 학교 근처 지자체 수영장에서 실시했는데 2일간 하루 3시간씩 진행했습니다. 이때 수영을 잘하는 아이는 기본적인 안전교육만 받고 자유롭게 개인 연습을 합니다. 나머지 대부분의 아이들은 차근차근 교육을 받습니다. 수영을 전혀 못해도 큰 문제는 없습니다. 아이들이 물에 익숙해지도록 친절하게 알려주고, 물에서 놀 수 있는 자유 시간도 주기 때문에 아이들이 좋아하는 편입니다.

아이가 저학년일 경우 부모님들은 ==우리 아이가 혼자서 수영복을 입을 수 있는지, 교육이 끝난 후 샤워까지 하고 머리를 말리는 등 스스로 정리할 수 있는지 확인하셔야 합니다.== 물을 무서워하지 않고 물에 뜰 수 있는지 확인하고, 최소한 자유형 정도는 미리 교육을 시키는 것도 아이의 자신감을 상승시키는 데 도움이 됩니다. 생존 수영은 1학년부터 초등학교 6학년 졸업할 때까지 매년 반복해서 하니까 기초 수영 교육은 필요합니다.

교과 학원을 보내는
적절한 시점이 언제일까요?

  교과 학원을 보내는 적절한 시점으로 특정 학년이 딱 정해진 것은 아닙니다. 아이가 학원을 필요로 할 때 보내면 됩니다. 하지만 초등학생의 경우에는 가능하면 부모님이 공부를 봐줄 수 있는 한 직접 살펴보는 것이 좋습니다. 그렇게 했는데도 아이의 욕구가 충족되지 않고 부모님 선에서 해결되지 않을 때 학원에 보내야 합니다. 아이가 원하지 않는데 부모님의 욕심 때문에 억지로 보내면 효과가 없고 공부도 안 합니다.

  교과 학원은 너무 잘하는 초격차 아이들이나 학습 능력이 부족한 아이들이 주로 다닙니다. 초격차 아이들이 현재 학년의 심화 내용까지 완벽하게 이해하고 더 깊은 내용을 공부하고 싶어 하는 경우에는 학원에 다니며 새로운 앎에 대한 욕구를 충족시킬 수 있습니다. 또한 아이가 학년의 내용을 따라가지 못하거나 학습 능력이 부족한데 부모님이 보살펴주지 못할 때는 학원에서 보충학습을 해야 합니다.

학교에서는 많은 학급 인원 때문에 각 개인의 능력과 수준에 맞는 제대로 된 심화학습과 보충학습을 하기 어렵습니다. 특히 수학은 아이들의 학습격차가 가장 큰 과목이기 때문에 우리 아이의 수준에 따라 적절한 교과 학원도 필요합니다. 학원에 다닐 적절한 시점은 아이와 대화한 후, 필요할 경우 담임 선생님과의 상담 등을 거쳐 부모님이 종합적으로 판단해야 합니다.

다른 과목들은 초등교육과정에서 독서로 충분히 해결할 수 있지만, 저학년이라도 우리 아이가 영어나 수학을 어려워한다면 엄마표 영어·수학으로 교육하거나 방문 교육, 교과 학원 등을 고려해 볼 수 있습니다.

맞벌이 가정의 경우 불가피하게 아이의 시간 활용 측면에서 교과 학원을 보내기도 합니다. 방과후 집에 오면 아무도 없기 때문에 차라리 학원에 다니도록 하는 것입니다. 그렇더라도 부모님이 아이의 수업 진도와 과제를 비롯해서 학원 수업에 집중해 참여하는지 등은 확인하셔야 합니다. 학원에 보냈다고 끝이 아닙니다.

중요한 점은 ==교과 학원을 보내는 기준이 학년이나 나이가 아니라 우리 아이의 학습 수준이라는 것입니다.== 그리고 아이가 학원 수강의 필요성에 공감하고 자발적으로 동의해야 합니다. 그럴 때 학원을 보내야 뚜렷한 성과가 나타날 수 있습니다.

한국사능력검정시험을 봐야 하나요?

 초등 고학년 아이들의 경우 본인이 희망한다면 한국사능력검정시험을 보는 것도 좋습니다. 다만 부모님이 억지로 시킬 필요까지는 없습니다. 아이의 특성에 따라 시험 공부를 하며 성취 동기가 고양되고 목표 의식이 뚜렷해져서 한국사 공부에 긍정적인 영향을 끼칠 수 있습니다. 하지만 초등 한국사 교육을 하는 과정에서 자격증 취득에 매몰되면 곤란합니다.

 초등 단계에서 한국사 교육은 중요합니다. 2015 개정 교육과정상 한국사는 5학년 2학기 사회에 나옵니다. 즉, 5학년 2학기 사회 시간에는 한국사만 배웁니다. 그래서 초등학생들도 국사편찬위원회에서 주관하는 한국사능력검정시험에 많이 응시하고 있는 실정입니다.

한국사능력검정시험은 심화와 기본으로 구분됩니다. "심화"는 한국사 심화과정으로 한국사에 대한 체계적인 이해를 바탕으로 한국사의 주요 사건과 개념을 종합적으로 이해하고 역사 자료를 분석하고 해석하는 능력, 한국사의 흐름 속에서 시대적 상황 및 쟁점을 파악하는 능력을 평가합니다. '5지 택 1형'의 50문항 중에서 80점 이상은 1급, 70점 이상은 2급, 60점 이상 3급입니다. 교사 임용시험에서 요구하는 한국사능력검정시험은 3급 이상입니다. 초등학생들의 경우 심화를 보기에는 어렵고, 굳이 그렇게까지 할 필요도 없습니다.

"기본"은 한국사 기본과정으로 기초적인 역사 상식을 바탕으로 한국사의 필수 지식과 기본적인 흐름을 이해하는 능력을 평가합니다. '4지 택 1형'의 50문항 중에서 80점 이상은 4급, 70점 이상은 5급, 60점 이상은 6급입니다. ==초등학생들에게는 "기본"이 적당합니다.== 5학년 사회 교과서에 나오는 한국사 내용은 수박 겉핥기식으로 간단하고 내용이 축약되어 있습니다. 한국사능력검정시험을 대비하면서 보다 깊이 있게 교과서 외의 책이나 강의를 들으면 긍정적인 효과가 큽니다. 아이들이 시험에 부담을 느낄 수 있으므로 공부하는 과정에서 응원해주고, 시험에 합격하면 가족끼리 외식을 하는 것도 좋습니다. 부모님도 함께 공부해서 시험을 같이 보는 것도 괜찮습니다.

한국사능력검정시험 대비 이외의 자율적인 공부를 위해 책을 보는 것도 좋습니다. 시중에 다양한 한국사 책들이 많습니다. 중학년 아이들이 보기 괜찮은 책으로는 《나의 첫 역사책》이 있고, 가볍게 만화로 볼 수 있는 한국사 책들도 있습니다. 고학년에게 적당한 책으로는 《용선생의 시끌벅적 한국사》, 《전국역사교사모임 선생님이 쓴 제대로 한국사》, 《한국사 편지》 등이 있습니다.

아이들이 스스로 흥미를 느껴서 한국사 책을 읽도록 권유하고 부모님도 함께 읽으면 좋습니다. 아이가 읽은 책에 대해서 부모님에게 설명하도록 하면 훨씬 효과적입니다. 아이가 설명을 하면 부모님은 그 이야기를 듣고 아이에게 궁금한 점을 질문합니다. 시대별, 나라별로 아이가 설명하면 됩니다. 다만 이 활동이 아이에게 부담이 되면 안 됩니다.

==아이와 역사 토론을 해보는 것도 좋은 방법입니다.== 역사 토론이라고 해서 거창하고 어려운 것이 아니라 누구나 학창 시절 한번은 생각했을 법한 주제들을 이야기하는 것입니다. 역사에 만약이라고 하는 가정은 없지만, 여러 상황을 가정해서 토론을 하는 것입니다. 예를 들어, "만약 고구려가 삼국을 통일했다면 어땠을까?", "흥선대원군의 쇄국정책은 당시 최선의 선택이었을까?", "만약 네가 일제강점기에 살았다면 독립운동을 했을까 친일을 했을까?" 등의 상황을 가정해보는 것이죠.

방학이나 주말을 이용해서 주변 역사 유적지, 박물관 등을 가서 아이들이 책에서 읽은 내용을 직접 확인하고 경험하는 것도 좋은 한국사 교육이 됩니다. 역사적인 인물에게 편지 써보기, 가족끼리 역사신문 만들기도 가정에서 할 수 있는 좋은 방법입니다.

논술·과학 학원에 보내야 할까요?

요즘 초등학생들은 다양한 학원에 다닙니다. 영어와 수학뿐만 아니라 예체능 학원에도 다니고, 논술이나 과학 학원에 다니는 아이들도 있습니다. 하지만 초등학생들의 경우에는 굳이 논술 학원이나 과학 학원에 다닐 필요가 없습니다. 논술 학원의 경우 논리적인 글쓰기를 가르치는 학원입니다. ==평소 독서를 하지 않던 아이들이 논술 학원에 간다고 논리력이 생기지는 않습니다.== 당연히 토론을 하거나 의견을 주고받는 것도 불가능합니다. 평소 독서를 꾸준히 한 아이들이 간다면 어느 정도 효과를 기대할 수 있겠지만 그런 아이들은 논술 학원에 다니지 않더라도 글을 잘 씁니다. 또한 논술 학원에서 배우는 기법적인 논술은 중요하지 않습니다. 아이들에게는 ==글쓰기가 재미있다는 경험과 자신의 생각을 자유롭게 표현하는==

==것이 더 중요합니다.== 괜히 논술 학원에서 기법이나 방법만 익힌다면 영혼 없는 글쓰기로 전락할 우려가 있습니다. 차라리 지금 당장 글을 못 쓸지라도 본인의 생각을 말하고 쓸 수 있는 것이 더 좋습니다. 어릴 때 잘못된 글쓰기 습관이 굳어질 수도 있기 때문입니다.

논리적인 글쓰기 실력은 단기간에 형성되지 않습니다. 초등학생들에게는 지금 당장의 논술 학원보다 평소 책을 많이 읽도록 강조해야 합니다. ==논술 실력은 책을 꾸준히 읽다 보면 시나브로 쌓여 나갑니다.== 책을 읽고 나서 굳이 글로 쓰지 않더라도 본인 입으로 말할 기회를 제공하면 충분합니다.

과학 학원 역시 마찬가지입니다. 초등 과학은 굳이 학원을 다니면서까지 배울 내용이 많지 않고 어렵지도 않습니다. 학원에서 아이가 다양한 실험을 직접 해볼 수 있겠지만 초등 과학교육과정에서 다루는 실험은 대부분 단순하고 간단합니다. 실험이 목적이라면 얼마든지 가정에서도 실험키트를 구입하여 아이가 원하는 바를 충족시켜줄 수 있습니다. 초등 과학 실험키트를 구매할 수 있는 사이트로는 "과학나라(www.sciencenara.co.kr)", "과학동아몰(www.scimall.co.kr)", "스마일사이언스(www.smilescience.kr)" 등이 있습니다.

과학 학원에서 실험이나 보고서 쓰는 법, 과학 토론 등을 익히기도 합니다. 과학 학원에 다니면 아이의 학습에 직접적인 도움이 되기보다 과학에 흥미를 갖고 배경지식을 쌓는 효과는 있습니다. 이 점 역시 가정에서 과학 잡지를 구독해서 과학에 대한 흥미를 느끼게 하거나 배경지식을 쌓게 할 수 있습니다. 아이들이 볼 수 있는 잡지로는 〈어린이 과학동아〉, 월간 〈뉴턴〉, 〈에피〉, 월간 〈우등생 과학〉이 있습니다. 아이가 국제중학교나 올림피아드에 대비해서 심화된 과학 학습을 원할 경우 과학 전문 학원을 다니는 것을 고려해볼 만합니다.

자기주도학습을 할 수 있도록
어떻게 이끌어줘야 할까요?

 아이 스스로 공부하는 것은 모든 부모의 간절한 소망일 것입니다. 부모가 시키지 않아도 아이가 스스로 공부를 하면 얼마나 예쁘고 좋겠습니까? 아이 스스로 공부하는 습관을 기르는 방법에 대해 크게 3가지 관점에서 이야기하겠습니다.

첫째, 아이 스스로 공부해야 한다는 것을 납득해야 한다
 공부를 잘하면 소위 좋은 대학에 가고 돈을 많이 벌 수 있지만 그것보다 본인이 꿈꾸는 것을 이룰 수 있는 힘이 생깁니다. 무엇보다도 아이 스스로 '공부를 해야겠다'라고 마음먹는 것이 중요합니다. 즉, 이유가 있는 공부를 해야 합니다. 공부하는 이유가 있어야 목적의식을 가지고 꾸준하게 공부할 수 있습니다. 아이의 꿈이 과학자라고 한다면, 카이스트KAIST에 직접 견학을 가보고 유명한 과학자들의 위인전도 읽게 하며, 과학과 관련되는 전시회나 근처에 있는 과학관에도 함께 가서 다양한 체험을 하면 좋습니다. 아이가 막연하게 꿈을 꾸는 것이 아니라 본인의 꿈을 실제 이루기 위해서 어떻게 해야 하는지를 늘 생각하고, 그 꿈에 조금씩 다가설 수 있게 옆에서 도와주셔야 합니다.

둘째, 일정한 루틴을 반복해 공부한다

루틴routine은 '습관적 반복 행동'을 의미합니다. 대부분의 운동선수들도 매일 반복하는 일상이 있다고 합니다. 메이저리거 류현진 선수도 경기 결과에 상관없이 루틴을 반복하는 것으로 유명합니다. 아이들에게도 매일 반복하는 일상이 있습니다. 그 일상에 공부가 자리 잡아야 합니다. ==언제나 '계획 – 실천 – 반성'의 순서를 반복해서 공부를 해야 합니다.== 먼저 연간 계획, 1학기 계획, 월간 계획, 주간 계획, 하루 계획으로 계획을 세분화합니다. 큰 계획을 세울 때는 부모님이 옆에서 도와주시면 좋고, 하루 계획을 세울 때는 아이 스스로 하면 됩니다. 즉, 하루에 아이가 일어나서 밤에 잠자기 전까지의 생활 계획을 세우는 것입니다. 절대 무리하지 않고 실천할 수 있게 계획을 세우는 것이 중요합니다. 계획 공책이나 연습장, 포스트잇에 하루 계획을 써서 책상에 붙여 그 계획대로 하루를 보내는 것입니다. 그 후 밤에 잠자기 전에 책상에 앉아서 본인이 아침에 세운 계획을 다시 보면서 오늘 하루 얼마나 잘 실천했는지 스스로 체크하고 반성합니다.

==계획을 실천할 때는 부모님의 협조가 필수입니다.== 예를 들어, 방학 중 점심과 저녁은 몇 시에 먹을 것인지, 간식은 몇 시에 무엇을 먹을 것인지 등은 미리 결정해야 하고, 그대로 지켜주셔야 합니다.

이렇게 '계획-실천-반성'의 공부 습관이 몸에 배이면 나중에 중학교와 고등학교에 진학해서도 큰 성과를 이룰 수 있습니다. 실제로 교사 임용고사나 공무원 시험을 준비하는 수험생들도 대부분 이런 식으로 공부합니다.

==**"매일 조금씩"** 꾸준하게 공부하는 것도 중요합니다.== 기분 좋고 공부가 잘될 때는 하루 5시간 이상 맘껏 했다가 기분 나쁘거나 우울하면 아예 책을 안 보는 것이 아니라 매일 조금씩 공부하는 습관을 가져야 합니다. 즉, 기복 없이 꾸준하게 해야 합니다. 이렇게 아이 스스로 공부하는 습관을 길러주기 위해서 기본적으로 올바른 생활습관을 익힐 수 있도록 부모님들이 옆에서 잡아줘야 합니다.

셋째, 부모님이 솔선수범해야 한다

아이가 자기주도적으로 공부할 때 부모님들은 무엇을 하고 계실 건가요? TV 시청? 스마트폰 게임? 아이가 본인의 방이나 거실에서 공부할 때 부모님들 역시 거실에서 독서를 해야 합니다. 즉, 부모님이 아이들에게 자연스럽게 모범을 보이는 것입니다. 책 읽는 집안 환경을 조성하면 아이에게 굳이 "공부해라, 책 좀 읽어라"라고 잔소리하지 않아도 아이가 스스로 책 읽는 부모님 옆에 앉아서 함께 독서를 하며 공부를 합니다.

솔선수범하는 것은 사실 쉽지 않습니다. 재미있는 드라마도 많고, 예능 프로그램도 봐야 하고, 부모님들이 구독하는 유튜브 채널도 많습니다. 게다가 힘들게 일하고 저녁 때 집에 와서 TV를 보며 편하게 쉬어야 하는데 그런 상황에서 책을 봐야 한다니 막막할 수도 있습니다. 하지만 아이의 교육은 학교나 학원에서 전적으로 책임지는 것이 아니라 부모님이 함께 협력해서 이뤄나가야 합니다. 부모님이 피곤하고 힘들더라도 독서하는 모범을 보이면 아이는 긍정적인 영향을 받을 것입니다.

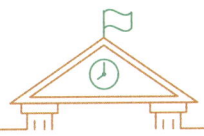

학년별 자습 시간을
얼마나 잡아야 할까요?

학년별로 정해진 자습 시간은 딱히 없습니다. 학년이 아니라 아이의 여건과 상황에 맞게 조절해야 합니다. 교육과정상 아이들의 공부 분량과 나이 등을 종합적으로 고려했을 때 '학년×20분' 분량에서 조절하여 자습하는 것이 좋습니다.

여기서 말하는 자습에는 학교나 학원 숙제를 하거나 온라인 수업이나 동영상 강의를 보고 책을 읽는 시간은 제외합니다. ==순수하게 본인의 필요에 의해 공부하는 시간을 뜻합니다.==

일단 1학년은 굳이 자습하지 않아도 됩니다. 1학년 아이들에게 중요한 것은 자습보다 "올바른 생활습관 잡아주기"입니다. 1학년은 학교에서 배우는 공부 분량이 많지 않고 내용도 어렵지 않습니다. 학교와 공부가 즐겁다는 인식을 심어줘야 하고, 스스로 책을 읽고 규칙적인 생활을 하는 것이 중요합니다. 학교에서 내준 숙제를 하고, 매일매일 알림장을 챙기는 것을 우선 해야 합니다.

==2학년부터는 아이 스스로 자습할 필요가 있습니다.== 당장 2학년 2학기 수학에서 구구단이 나오고 학교에서도 받아쓰기 시험을 보거나 수학 단원평가를 보는 등 1학년보다 어렵습니다. 하지만 9살 아이들에게 혼자 자습하는 것은 어려운 일입니다. 가능하면 아이가 자습할 때 부모님이 옆에 앉아서 책을 보거나 함께 있어주면 좋습니다. 여건이 허락한다면 매일 부모님이 아이가 공부할 분량을 정해주고, 아이가 스스로 그 분량을 공부한 후에 함께 점검하면 좋습니다. 수학 문제집 1~2장 정도 분량이 적당합니다. 부모님이 모두 직장에 다닌다면 아이 스스로 할당된 분량을 미리 공부하고, 퇴근 후에 함께 채점하며 검토하면 됩니다.

3학년 때는 매일 40분 정도는 공부해야 합니다. 이때는 영어와 수학 공부에 주력합니다. 학년이 올라갈수록 부모님이 옆에서 살펴보며 과제를 정해주는 등의 투입 시간을 줄여나가야 합니다. 4학년은 1시간, 5학년은 1시간 20분, 6학년은 매일 1시간 40분 정도는 공부하는 것이 좋습니다. 하지만 어디까지나 일반적이고 대략적인 이야기입니다. 우리 아이의 수준과 상황에 따라 얼마든지 탄력적으로 조정 가능합니다. 중요한 점은 ==우리 아이가 어릴 때부터 스스로 공부하는 습관을 갖는 것입니다.== 공부 습관이 자리 잡을 때까지는 부모님이 관심을 갖고 옆에서 지켜보며 함께하실 필요가 있습니다.

영재 학급·영재원 교육이 상급학교에 갈 때 도움이 될까요?

 아이들을 영재 학급에 들어가게 하거나 아이들에게 영재원 교육을 시키는 것이 어느 정도 도움이 됩니다. 보통 영재 교육은 수학이나 과학 심화학습으로 진행됩니다. 아이들은 간단한 실험이라도 직접 하는 것을 좋아하는데 현실적으로 어렵습니다. 학교에서는 과학 수업을 할 때 학급 인원, 장소, 준비물 등의 제약 때문에 선택적으로 실험을 하게 됩니다. 과학은 교과서에 매 차시마다 간단하게라도 실험 내용이 나오지만 모든 실험을 다 하는 학교는 전무합니다. 그럴 만한 상황이나 여건이 안 되기 때문입니다. 많은 학교들은 각 단원에서 중요한 1~2가지의 실험을 하고, 다른 실험은 영상으로 대체하고 넘어갑니다.
 영재 학급이나 영재원에서는 이렇게 부족한 실험으로 인한 아이들의 욕구를 충족시켜줄 수 있습니다. 예산이나 장소 등의 문제로 학교에서 진행하지 못한 실험이나 토론 등의 수업을 진행하고, 아이가 주도적으로 참여하게 됩니다. 프로젝트 수업을 통해 아이가 하나의 주제를 정해 밀도 있게 발표하며 많은 것을 배울 수 있습니다. 그 과정에서 과학적 사고력, 탐구력, 추리력, 의사결정능력 등을 신장시킬 수도 있습니다. 따라서 대부분 지역에서 영재 교육 희망자가 많아 경쟁이 치열하지만, 가능하다면 영재 교육을 시키는 것이 중학교 과학이나 수학 공부에도 도움이 될 것입니다. 아이가 구체적인 진로를 결정하기 전에 다양한 활동을 하면서 폭넓은 경험을 한다는 점에서도 유익합니다.

보통 영재 학급이나 지역 교육청의 영재원에서 영재 교육을 담당하는 사람들은 현직 교사들 중에서 선발됩니다. 선발된 교사들은 대부분 우수한 인재들로 사전에 영재 교육 관련 심화 연수를 이수합니다. 영재 교육을 전문적으로 담당하는 교사들이기 때문에 담임 선생님보다는 관련 내용을 훨씬 쉽고 재미있게 교육합니다.

좀 더 욕심을 내서 제대로 된 영재 교육을 받고 싶을 때는 지역 교육청의 영재원보다 광역시·도 교육청의 영재 교육에 지원하는 것이 좋습니다. 대학 부설 영재 교육원에서도 전문적인 교육과정 하에서 심화된 내용을 배우고 수준 높은 실험을 할 수 있습니다. 다만 교육청 영재원보다 경쟁률이 높을 뿐만 아니라 많은 비용이 부담될 수도 있습니다.

우리 아이가 높은 경쟁률 때문에 영재 교육 선발에서 탈락했다고 해서 좌절할 필요는 없습니다. 굳이 영재라는 말에 현혹될 필요도 없습니다. 평소 진행되는 학교 수업과 다르게 다양한 실험이나 관찰, 발표 등을 할 수 있고, 같은 반 친구 외에 다른 학교 및 다른 반 아이들과 함께 어울리며 수업 받는다는 점은 분명 장점입니다. 하지만 중학교 공부에 결정적으로 중요하거나 도움이 되는 것은 아닙니다. 폭넓은 학습 기회와 경험 차원에서 하는 것이니 너무 심각하게 생각하거나 큰 의미를 부여할 필요는 없습니다. 가정에서 어떤 방법으로 과학과 수학 교육을 시킬지 고민하신 후에 보충해주시면 됩니다.

아이가 점수에 너무 연연하고 틀리는 것을 못 참아요

이 성향의 아이들은 잘하고 싶고 다 맞고 싶어서 욕심을 부립니다. 자연스러운 것이긴 하지만 이런 성향이 심해지면 틀린 것을 인정하지 않고, 급기야 부정행위까지 할 수 있습니다. 그렇게 되지 않도록 부모님이 각별한 관심을 갖고 지도해야 합니다.

아이에게 결과보다는 과정의 중요성을 강조합니다. 실수한 것을 되풀이하지 않도록 반복 연습의 중요성을 깨닫게 하고 스스로 노력하도록 합니다. 문제를 틀린 것이 잘못된 것이 아니라 틀린 것을 다시 반복하는 상황이 잘못된 것임을 일깨워줘야 합니다.

부모님도 아이의 점수에 연연하지 않고 이해 여부에 중점을 둡니다. 즉, 틀린 것을 체크하지 말고 아이가 그 문제를 이해했는지 강조합니다. 틀린 문제를 다시 보고 이해를 했다면, 그것은 X가 아

==니라 O라고 말해줍니다.== 어떤 아이들은 시험지 틀린 부분에 '/, X'라고 표시하는 것에 민감하게 반응합니다. 그러면 굳이 채점을 할 때 틀린 부분에 '/, X'가 아니라 '☆' 혹은 'V' 표시를 해줍니다. 시험은 결과를 보기 위한 게 아니라 얼마나 정확히 알고 있는지 확인하는 것이며, 무엇보다 이해하는 것이 중요하다고 이야기해줍니다.

한편으로, 아이의 단원평가를 대하는 부모님의 태도도 한번 돌아보시기 바랍니다. 부모님이 아이들의 단원평가 점수나 틀린 문제에 집착하게 되면 아이 역시 틀린 것을 참지 못하고 스트레스를 받습니다. 누구나 실수할 수 있습니다. 아이의 실수를 인정하고 괜찮다고 말씀해주셔야 합니다. "다 맞는 게 중요한 게 아니야. 네가 왜 틀렸는지 알고, 정확히 이해하면 돼!"

간혹 부모님이 오답노트 작성을 강조해서 아이가 그 과정이 싫어서 힘들어하는 경우도 있습니다. 즉, 틀린 것을 고치거나 바로잡는 과정이 싫은 것입니다. 그럴 경우에는 틀린 문제를 전부 다시 쓰고 풀기보다는 틀린 부분만 고쳐 쓰는 등 과정을 단순화하면 됩니다.

아이들이 초등학생 때부터 너무 점수에 연연하며 결과에 집착하는 모습을 보인다면 부모님이 좀 더 대범하고 여유로운 모습을 보이셔야 합니다. 아이에게 결과보다 과정과 이해의 중요성을 강조하신다면 조금씩 개선될 것입니다.

가정에서 아이의 진로 및 적성 교육은 어떻게 하면 좋을까요?

가정에서 초등학생 아이의 진로 및 적성 교육을 할 때 적절한 5가지 방법을 소개합니다.

첫째, 아이에 대한 욕심과 기대를 조금 내려놓는다

아이에 대한 욕심과 기대를 조금 내려놓는 것이 의외로 중요합니다. 내 아이이기 때문에 사사로운 감정이 개입되고 자꾸 욕심이 생기기 마련입니다. 생각만큼 쉽지는 않지만 마음을 조금 내려놓을 필요가 있습니다. 친한 친구의 자녀라는 생각으로 접근해서 조언하는 것도 효과적입니다. 그러면 좀 더 객관적인 입장에서 냉정하게 이야기를 할 수 있습니다.

저도 제 아이에 대한 욕심을 다소 내려놓았습니다. 아이가 소위 말하는 명문대에 진학한다고 해서 인생의 행복이 보장되는 것도 아닙니다. 저는 아이가 성인이 될 때까지 친밀한 관계를 유지하며 좋은 추억을 쌓을 생각입니다. 부모님들도 아이의 적성이나 진로와 관련한 대화를 할 때 기대를 내려놓고, 최대한 내 자식이 아니라 친구의 아이에게 담담하고 객관적으로 조언한다는 자세로 접근하시는 것이 좋습니다.

둘째, 분위기 좋은 곳에서 대화를 하자

대화 장소를 평소 익숙한 집이 아니라 예쁜 카페나 괜찮은 음식점으로 바꾸는 것입니다. 요즘 곳곳에 예쁜 카페들이 많습니다. 초등학생들은 그런 카페에 갈 일이 거의 없습니다. 아이들은 간단하게 주스를 마시고, 부모님들은 좋아하는 커피를 마시면서 분위기를 바꿔 자연스럽게 대화를 하면 됩니다. 요즘 어느 분야에 관심이 많은지, 커서 무슨 일을 하고 싶은지, 나중에 무엇을 공부하고 싶으며 어떤 대학교에 가고 싶은지 등의 이야기를 나누는 것입니다. 여기서 중요한 점은 ==아이의 대답에 화를 내거나 비난을 하면 절대 안 된다는 것입니다.== 그러면 앞으로 이런 대화는 아예 할 수 없게 됩니다. 아이의 기상천외하거나 예기치 않은 대답에도 "아, 우리 은서의 생각은 그렇구나. 충분히 그럴 수 있지"라고 공감하며 인정해주셔야 합니다.

아이가 좋아하는 음식점이나 평소 자주 가지 않던 음식점에 가서 맛있는 것을 먹으며 대화를 하는 것도 좋습니다. 아무래도 아이들은 맛있는 것을 먹으면 기분이 좋아지고 이야기도 술술 하게 됩니다. 그럴 때 평소와는 다른 진지한 대화를 하면서 아이의 생각을 들어볼 필요가 있습니다.

셋째, 부모의 경험을 이야기한다

여기서 가장 경계해야 할 점은 **"라떼는 말이야"로 접근하면 안 된다는 점입니다.** 그러면 아이는 '아, 또 옛날이야기 시작하시네'라고 생각하며 귀를 닫아버릴 것입니다. 꿈은 변한다는 사실, 부모님이 살아오면서 진로와 관련해 느꼈던 점들을 솔직하게 말하며 진심을 보여주는 것입니다. 어른들은 이미 초등학교와 중고등학교 과정을 거쳤고 대학교 진학과 직업 선정 등 수많은 갈림길에서 선택의 순간을 지나왔습니다. 그 시간 속에는 탁월한 선택도 있었을 것이고, 후회되는 선택도 분명 있었을 것입니다. 그런 이야기를 아이에게 진솔하게 말하면 됩니다.

부모님 중에는 어릴 때의 장래 희망과 지금 직업이 일치하는 분도 있겠지만 아마 그렇지 않은 분들이 훨씬 많을 것입니다. 그러면 부모님의 초등학교 때 꿈은 무엇이었고, 그 꿈이 어떻게 변화되었는지, 성인이 되어서 어떤 직업을 갖게 되었는지를 담담하게 이야기해주시면 됩니다. 아이에게도 꿈은 변할 수 있다는 점을 알려주시고, 인생의 가치관과 목표의 중요성도 알려주세요. 앞으로 어떤 가치관과 목표를 가지고 인생을 살아야 할지 항상 생각해야 한다는 것도 이야기해주셔야 합니다.

넷째, 다양한 체험의 기회를 마련한다

한국직업사전에 등재된 우리나라의 직업 수는 2016년 기준 11,927개라고 합니다. 4차산업혁명의 시기에는 새로운 직업들이 많이 생기는 동시에 기존 직업들 중 사라지는 것들도 많습니다. 하지만 아이들은 어떤 직업이 있는지 잘 알지 못하고, 부모님이나 주변에서 접하는 직업밖에 모르는 경우가 많습니다. 아이들에게 세상에는 다양한 직업이 있음을 알려주고, 그 직업들에 대해 아이가 스스로 생각할 수 있는 기회를 마련해주셔야 합니다. 가장 쉽게 할 수 있는 방법으로는 '한국잡월드(https://www.koreajobworld.or.kr)'나 '키자니아(https://www.kidzania.co.kr)' 같은 직업 체험관에 아이와 함께 가는 것입니다. 진로 관련 특강을 듣거나 다양한 직업의 세계를 서술한 책을 읽도록 하는 것도 좋은 방법입니다. 시중에 직업과 관련해서 아이들이 볼 만한 책이 아주 많습니다. 구체적으로 저학년들에게는 《초등 북멘토 직업가치동화》(5권 세트)가 있고, 중학년 이상은 《적성과 진로를 짚어주는 초등직업교과서》(50권 전집)도 좋습니다. 직업 관련 책을 보며 아이가 다양한 직업이 있음을 알게 되고, 본인은 어떤 직업을 갖는 것이 좋을지 생각해볼 수 있습니다.

다섯째, 전문기관에서 진로 적성 검사를 한다

예전에 제가 국민학교를 다닐 때는 학교에서 아이큐 검사도 하고 진로 적성 검사도 실시했는데, 요즘에는 그런 검사가 사라졌습니다. 사실 아이들도 본인이 구체적으로 어떤 성향이며, 무엇을 잘하는지, 어느 방향으로 진로를 설정하면 좋은지 모르는 경우가 대부분입니다. 시중에 진로 적성과 관련한 다양한 검사도구들이 있습니다. 홀랜드Holland 진로 적성 검사, MBTI, 에니어그램 성격 검사도 있고, 그중 무료인 검사도 있습니다. 폭넓게 알아보신 후에 우리 아이의 진로 적성 검사를 해보고, 검사 결과가 나오면 아이와 진지하게 대화를 하면 됩니다. 아마 평소 아이 본인이 몰랐던 재능이 있을 수 있고, 새롭게 알게 된 점도 많을 것입니다.

유튜버가 꿈인 아이, 괜찮을까요?

요즘 아이들은 유튜브 영상을 참 많이 봅니다. 유치원생부터 시작해서 학년을 가리지 않죠. 성인들도 유튜브 영상을 많이 봅니다. 지하철에 앉아 있는 사람들이 무엇을 하는지 가만히 살펴보면 예전에는 휴대폰 게임을 하거나 뉴스를 검색하는 사람들이 압도적으로 많았습니다. 최근에는 절반 정도의 사람들은 유튜브 영상을 보고 있습니다. 그만큼 유튜브가 우리 일상생활에 자리 잡았고, 희망 직업으로도 유튜버를 꿈꾸는 아이들이 늘어나고 있습니다.

2019년 12월 11일 교육부와 한국직업능력개발원이 "2019년 초·중등 진로교육 현황조사" 결과를 발표했습니다. 2019년 학생 희망직업 조사 결과 1위는 운동선수, 2위는 교사, 3위는 유튜브 크리에이터입니다. 이렇게 유튜버를 꿈꾸는 사람들은 비단 초등학생

뿐만이 아닙니다. 취업 포털 사이트 '사람인'이 2019년 10월 '유튜버 도전 의향'을 조사한 결과 성인의 63%가 '유튜버'를 꿈꾸는 것으로 나타났습니다.

유튜버를 꿈꾸는 아이들을 어떻게 지도하고 설득해야 할까요? 크게 4가지 방향을 소개합니다.

첫째, 어떤 콘텐츠로 유튜브를 할 것인지 고민해야 한다

아이가 본인이 무엇을 잘하는지, 유튜브에서 무엇을 이야기할 것인지 진지하게 생각해야 합니다. 단순한 브이로그를 올릴 것인지, 어떤 주제의 영상을 올릴 것인지 스스로 깊이 생각해야 합니다. 브이로그vlog는 비디오video와 블로그blog를 합성한 '비디오 블로그'를 말합니다. 블로그에 일기를 쓰듯 일반인이 소소한 생활상을 동영상으로 제작해 유튜브에 올려 타인과 공유하고 소통하는 채널입니다. 아마 브이로그를 올리는 영상들이 가장 접근하기 쉽고, 일반적입니다.

문제는 초등학생들의 평범한 브이로그를 구독해서 봐줄 사람이 많겠느냐는 점입니다. 연예인이나 인기 운동선수들의 브이로그는 많은 사람들이 궁금해서 봅니다. 그러니 전혀 유명하지 않은 초등학생의 브이로그를 볼 사람들이 얼마나 될지 생각해봐야 합니다. 즉, 아이가 자신에 대해 생각하는 계기가 되어야 합니다. 내가 잘하는 것이 무엇인지, 그것을 영상으로 찍었을 때 괜찮을 것인지 등을 깊이 고민한 후에 유튜브를 시작해야 합니다.

둘째, 유튜브 관련 내용을 사전에 충분히 공부해야 한다

유튜브에 채널 개설은 어떻게 하는지, 영상 업로드는 어떻게 하는지, 제목과 섬네일은 어떻게 만드는지, 편집 프로그램은 어떤 것을 사용할 것인지, 촬영은 어떤 기기를 이용할지, 내가 올릴 영상들과 비슷한 주제의 유튜버는 누가 있는지 등 유튜브를 개설하기 위해 알아야 할 점이 많습니다.

유튜브 채널을 개설하기 위해 필요한 것들을 미리 조사해서 공부하고 유튜브를 시작해야 합니다. '시작하다 보면 어떻게든 잘되겠지', '사람들이 알아서 구독하고, 조회수도 늘어나고, 금방 구독자가 1,000명, 10,000명 되겠지'라는 머릿속 생각과는 달리 현실에서는 절대 그렇게 되지 않습니다. 또한 유튜브 알고리즘도 연구해서 영상의 길이는 어느 정도로 할지, 올리는 시간, 업데이트 주기 등도 고민해야 합니다. 사전 준비를 철저하게 하고 도전해도 대부분 실패하고 포기하는 유튜버들이 다수입니다.

셋째, 유튜브를 꼭 하고 싶으면 바로 해보는 것도 좋다

실제 부딪쳐보는 것도 나쁘지 않습니다. 우리도 어릴 때 무엇인가를 하고 싶은데 부모님이 자꾸 하지 말라고 하면 더 하고 싶었던 경험이 있을 것입니다. 아이들이 자꾸 유튜브를 하고 싶다고 하면 실제 경험하도록 하는 것도 괜찮습니다. 다만 앞서 이야기한 어떤 콘텐츠를 가지고 할 것인지의 고민과 유튜브에 대한 사전 공부는 필수입니다. 또한 게임 유튜버가 되기 위해서 하루 종일 게임하는 것은 안 됩니다. 아이들이 게임을 하기 위한 핑계로 유튜브를 이용하는 것일 수 있습니다.

넷째, 유튜브를 직업이 아니라 취미로 하는 것을 추천한다

아이들의 공식적인 직업은 학생입니다. 초등학교에 다니고 배움에 충실해야 합니다. 유튜버 활동은 취미 활동으로 병행하는 것입니다. 즉, 유튜브 활동이 본인의 학교생활에 방해가 되면 안 됩니다. 이 점을 미리 아이들과 확실하게 약속하고 시작하도록 해야 합니다.

아이가
느린 학습자인 것 같아요

 보통 한 학급당 3~4명 정도는 느린 학습자slow learner가 있다고 합니다. 학습이 느린 아이들은 영어 학원을 오랫동안 보내도 단어를 제대로 암기하지 못하고, 수학 학원에 보내도 수학 문제 자체를 이해하지 못해서 풀지 못합니다. 이 아이들은 학교에서 과목마다 단원평가를 보면 거의 다 틀립니다. 과거에는 이런 아이를 지적 장애라 판단하고 장애 등급을 부여하거나 특수학교에 보내는 경우도 있었습니다. 하지만 최근 연구에서는 이들을 '느린 학습자'라고 정의합니다.
 미국 정신장애진단에 따르면 IQ 85 이상을 정상 지능이라고 봤을 때, IQ가 70 이하면 지적 장애입니다. 느린 학습자는 IQ가 그 경계인 71~84 사이에 있는 경우가 대부분입니다. 느린 학습자는 교육의 사각지대에 놓이는 경우가 많습니다. 장애 진단을 받지 않았기 때문에 특수학급에 들어갈 수 없고, 일반 학급에서도 방치되기 때문입니다. 초등학교의 일반 학급에서는 잘하는 아이들을 대상으로 교육하지는 않습니다. 그렇지만 가르치는 내용을 너무 모르거나 따라오지 못하는 아이들을 교사가 한 명 한 명 전부 챙기면서 수업을 진행할 수는 없습니다.

느린 학습자를 보고 있으면 교사로서 참 안타깝습니다. 노력을 안 하는 것도 아니고, 본인 나름대로 열심히 하며, 수업 시간에도 떠들거나 장난치지 않고 집중해서 잘 듣습니다. 숙제도 잘 해오고, 너무 착하고 성실한 경우가 대부분입니다. 그런데 하루만 지나면 배운 내용을 잊어버립니다. 배운 내용을 간단한 것조차 응용하지 못하고, 시험 문제에 대한 이해력도 많이 부족해서 문제에서 묻는 것이 무엇인지를 파악하지 못합니다. 시험 문제에 백지 답안을 내고 아예 포기하는 것이 아니라 열심히 답을 쓰긴 했는데 전혀 엉뚱한 답을 쓰는 경우가 많습니다. 또한 정답을 설명해줘도 본인이 쓴 오답과 비교해서 무엇이 잘못됐는지, 어떻게 고쳐야 하는지 모릅니다. 교사 입장에서는 더 쉽게 설명해주고 반복해서 알려주지만 아이의 이해력에 한계가 있으니까 속상하고 안타까울 뿐입니다.

==느린 학습자는 학습 이해력이 부족하기 때문에 일반 학습자보다 더 많은 반복 학습이 필요합니다.== 개념 간의 연계를 어려워해서 각 내용을 단계별로 하나씩 구체적으로 자세히 알려줘야 합니다. 느린 학습자는 이해력과 적응력이 부족할 뿐이지 성실하고 끈기 있

는 경우가 많습니다. 또한 기본적인 품성이 착하고 순수한 편입니다. 부모님들도 우리 아이가 혹시 느린 학습자는 아닌지 면밀하게 살펴보셔야 합니다.

　대부분의 부모님들은 자신의 아이를 과대평가하는 경향이 있습니다. 학부모 상담에서도 많은 분들이 "우리 아이가 머리는 좋은데 노력을 하지 않아요"라는 이야기를 가장 많이 합니다. 그런데 머리와 노력이 동반되어야 학업 성취를 이뤄낼 수 있습니다. 부모님의 말씀처럼 머리가 좋은데 지금 노력하지 않는 아이가 갑자기 중학교와 고등학교에 가서 노력할 확률은 높지 않습니다. 우리 아이를 좀 더 객관적인 시각에서 바라봐야 합니다. 특히 초등학교에서는 일제고사가 없기 때문에 ==학년 초 시행하는 기초학력 진단평가에서 학습부진이 나온 과목은 없는지 살펴보셔야 합니다.== 또한 학급에서 실시하는 단원평가에서 실수로 1~2문제 틀리는 것이 아니라 대부분의 문제에 답을 쓰긴 했지만 틀린다면 좀 더 아이를 주의 깊게 살펴보시고, 담임 선생님과도 상담할 필요가 있습니다.

　학교에서 하나를 가르치면 열을 아는 아이가 있고, 열 개를 가르치면 한 개도 알지 못하는 아이도 있습니다. 그것이 틀린 것은 아닙니다. 부단한 노력으로 그 한계를 스스로 극복할 수도 있겠지만, 각자의 능력과 소질을 정확하게 알고 그에 맞는 교육을 시키는 것도 중요합니다.

외국에서 학교를 다니고 있는데 한국에 들어갈 예정입니다

 아이의 학교 적응에 대해서는 크게 걱정하지 않으셔도 됩니다. 보통 아이들은 외국에서 전학 온 아이에게 호감과 호기심으로 친근하게 대합니다. 담임 선생님도 아이의 적응에 신경 쓰고 보살피는 경우가 많고요. 부모님 입장에서는 우리 아이가 적응하지 못하면 국제학교에 보내야 할까 봐 걱정하실 수 있습니다. 하지만 대개 큰 어려움 없이 잘 적응해서 생활합니다.

 오랜 외국 생활을 한 경우 우리말 어휘력이 부족한 경우가 많기 때문에 수준에 맞는 한글 동화책 등을 구해서 미리 꾸준하게 독서를 하는 것이 좋습니다. 영어권 국가에서 입국하면 영어 시간에 아이들의 부러움을 받으며 적응하는 데 문제가 없겠지만, 비영어권 국가에서 살았다면 영어 공부를 미리 해야 합니다. 수학도 아이들의 학습격차가 심한 과목이니 아이의 학년 수준에 맞게 미리 공부해야 합니다.

2020년 코로나19로 인한 온라인 수업으로 전자 교과서와 학습 동영상이 잘 구축되어 있습니다. 가장 유용하게 활용할 수 있는 사이트는 '에듀넷(https://info.edunet.net)'입니다. 에듀넷EDUNET은 중앙교수학습센터National Teaching-Learning Center로, 대한민국 교육과학기술부 산하 단체인 한국교육학술정보원KERIS이 운영하는 교육정보 종합서비스 시스템입니다. ==에듀넷 사이트에서는 학생이 가정에서 활용할 수 있는 다양한 온라인학습 서비스를 제공합니다. 에듀넷에는 e학습터와 디지털 교과서도 있습니다.== e학습터에서는 초1부터 초6까지 국어, 영어, 사회, 수학, 과학 교과의 학습 동영상과 평가문항을 제공합니다. 디지털 교과서에서는 초3부터 초6까지 주요 과목의 교과서 내용과 다양한 멀티미디어 콘텐츠를 제공합니다. 이런 자료들을 최대한 활용하여 아이가 입국 전에 미리 공부하면 됩니다.

학습 관련 문제뿐만 아니라 생활 및 문화 측면의 교육도 소홀히 하면 안 됩니다. 아이에게 기본적인 예의범절과 존댓말, 식사 예절, 공동체 의식과 배려 등에 대해서도 강조하고 교육해야 합니다. 이처럼 학습과 생활 측면에서 평소 부모님이 관심을 갖고 지도해주신다면 아이가 잘 적응하며 원만하게 지낼 수 있을 것입니다.

옆집 아이가
외부에서 주는 상을 받았대요

어느 날 갑자기 초등학교에 다니는 아이가 하교 후에 "오늘 미주가 학교에서 피아노 상장 받았어. 나도 피아노 학원 다닐래"라고 말하거나 "오늘 학교에서 예준이가 태권도 대회 상장 받았어. 나도 태권도 학원 보내줘"라고 말하는 것을 들어보셨나요?

요즘 대부분의 초등학교에서는 교내 대회를 많이 열지 않는 추세입니다. 부모님들이 예전 국민학교에 다닐 때만 해도 교내 대회가 아주 많았습니다. 각종 국가기념일에 글짓기 대회와 그림 그리기 대회가 항상 있었습니다. 반에서 1~2명씩은 꼭 상장을 받았습니다. 학교에서 최우수상을 받는 학생은 월요일 아침 조회 시간에 전교생 앞에서 교장 선생님에게 상을 받았습니다. 우수상이나 장려상은 반에서 시상하는데, 담임 선생님이 상장을 읽고 나눠주면 다른 아이들은 박수를 치면서 부러워했습니다. 대상이나 최우수상을 받은 아이들은 학교 대표로 시나 도에서 주관하는 사생 대회에 나가기도 했습니다.

"라떼는 말이야"로 시작하는 예전 시절의 이야기입니다. 요즘은 교내 대회가 거의 없습니다. 교내 대회로 아이들을 경쟁시키는 것이 교육적으로 좋지 않다고 해서 각 교육청과 학교에서 교내 대회를 최소화하는 것이 기본 방침입니다. 요즘에는 과학 관련해서 과학탐구대회 정도가 남아 있습니다. 그 외에 교내 백일장 대회, 글짓기, 그림 그리기 등의 대회들이 모두 폐지되었습니다.

문제는 교내 대회는 대부분 폐지되었는데 학교 외부에서 시행되는 각종 대회는 아직도 많이 남아 있다는 점입니다. 오히려 교내 대회가 없어진 틈을 타서 우후죽순 새로운 대회들이 생겨나고 있는 실정입니다. 예를 들어, HME 해법수학 경시 대회, 각 지역의 체육단체에서 주관하는 태권도 대회, 지역 체육회 주관의 수영 대회, 다양한 단체에서 주관하는 피아노 콩쿠르, 외부 단체에서 주관하는 글짓기 대회, 그림 그리기 대회 등 셀 수 없이 많습니다.

평소 아이들이 다니고 있는 학원을 통해서 이런 대회에 참가하는 경우가 많습니다. 대회가 끝난 후 결과가 나중에 나오는데 그 상장들이 학교로 오는 경우가 있습니다. 어느 날 학교 교무실에 가면 각 학년별 가정통신문을 비치하는 곳에 낯선 상장이 있습니다. 가만히 보면, 담임 선생님도 몰랐던 대회에 반 아이가 나가서 상을 타온 것입니다. 선생님이 그 상장을 아이에게 전달해야 하는데, 그

것을 모든 아이들 앞에서 크게 읽어주며 박수를 치라고 하면서 줄지, 아니면 아이를 조용히 불러서 개별적으로 줄지는 각 선생님의 판단에 따라 다릅니다.

담임 선생님이 아이들 앞에서 상장을 읽어주고 박수를 치며 나눠주면 다른 아이들 입장에서는 무척 부러울 수밖에 없습니다. 그러니까 집에 가서 바로 부모님께 말하는 것입니다. 특히 저학년 아이들은 누가 상을 받고 박수를 받는 것을 더욱 부러워합니다. 요즘은 다른 아이들 앞에서 상 받을 일이 없기 때문입니다. 한두 번 이런 일이 있으면, 의욕에 불타는 저학년 학부모님들에게 기름을 붓는 격이 됩니다.

우리 아이에게 피아노, 태권도, 검도 등의 적당한 사교육을 시킬 수는 있습니다. 하지만 외부 시상 때문에 그 모든 것을 다 할 수는 없습니다. 그 추세에 따라갈 필요도 없습니다. 아이를 가장 잘 아는 부모님이 우리 아이에게 필요한 것이 무엇인지 현명하게 판단해서 학원을 보낼지 여부를 결정하셔야 합니다.

예전에는 초등학교에서도 생활기록부에 외부 수상 실적을 기록한 적이 있지만, 요즘은 모두 폐지되었습니다. 사실 초등학교에서는 상장이 쓰일 용도가 없습니다. 아이는 부러워할 수 있지만 부모님들은 좀 더 신중하게 생각하고 행동하시는 것이 좋습니다.

아이 글씨체가
너무 엉망이에요

요즘 아이들은 글씨를 정말 못 씁니다. 간혹 잘 쓰는 아이도 있지만 전반적으로 글씨를 못 쓰는 아이들이 많은 편입니다. 한 반에 25명의 학생이 있다면 그중 글씨를 깨끗하게 잘 쓰는 아이는 20%인 5명 남짓입니다.

요즘 아이들이 왜 이렇게 글씨를 못 쓸까요? 글씨 쓸 일이 별로 없어서 그렇습니다. 요즘은 학교에서 숙제가 거의 없고, 편지도 안 쓰며, 일기도 많이 안 씁니다. 대부분 스마트기기나 컴퓨터, 휴대폰에 익숙해져 있어서 손으로 글씨 쓸 일이 없습니다. ==글을 많이 안 써서 글씨도 엉망인 것입니다.== 아주 단순한 결과입니다.

참고로 임용시험에 교직 논술 평가가 있는데, 수험생은 60분 동안 1,200자를 써야 하며, 배점은 20점입니다. 초등 교직 논술 채점에는 학교의 교장이나 교감 선생님, 교육청의 장학사가 참여하는데 실제 채점에 들어갔던 분에게 직접 들은 이야기입니다. 교직 논술을 채점할 때 후광 효과가 있다고 합니다. 후광 효과란 어떤 것을 평가할 때 일부분의 특성에 주목하여 전체 평가에 영향을 주는 심리적 경향입니다. 예를 들어, 어떤 사람의 외모에 호감을 가지면 그 사람의 지능이나 성격까지 좋게 평가하는 것입니다. 결국 보기 좋은 글씨가 읽기도 좋다는 것입니다. 따라서 우리 아이들의 글씨체를 빨리 바로잡아줘야 합니다.

어떻게 우리 아이의 악필을 바로잡을 수 있을까요? 크게 5가지 방법이 있습니다.

첫째, 연필을 사용하는 습관을 갖자

글쓰기를 배울 때는 볼펜이나 샤프보다 연필로 쓰는 것이 좋습니다. 잘못 쓴 경우에 지우개로 지우고 고치면서 익힐 수 있기 때문입니다. 연필을 사용하면 글씨체가 좋아지고, 한 글자 한 글자 정성껏 눌러서 써야 하기 때문에 도움이 됩니다.

둘째, 글씨를 천천히 또박또박 쓰게 하자

아이들은 글을 쓸 때 너무 급하게 쓰려고 하는 경향이 있습니다. 글을 빨리 쓰려고 하기 때문에 글씨가 엉망이 되어서 본인이 쓴 글자를 스스로 알아보지 못하는 경우가 많습니다. 정성껏, 천천히, 또박또박 쓰게 해야 합니다.

셋째, 글씨 크기를 적당하게 유지하도록 하자

너무 크거나 작지 않도록, 일정한 크기를 유지하도록 해야 합니다. 아이들의 글씨가 점점 작아지거나 반대로 커지는 경우가 많습니다. 글을 쓰면서 아이 스스로 계속 주의해서 살펴봐야 합니다.

넷째, 최대한 많이 써보도록 하자

아이들이 평소 글을 쓸 기회가 별로 없습니다. 학교에서 글쓰기를 시키지만 가정에서도 아이들에게 일기 쓰기, 책 읽고 독서 기록장 쓰기, 편지 쓰기, 주제 글쓰기 등 다양한 활동을 통해 자꾸 글을 쓰도록 유도해야 합니다. 자꾸 써봐야 글을 잘 쓸 수 있습니다.

다섯째, 자료를 활용하자

인터넷에서 다양한 글씨체를 다운로드할 수 있습니다. 유튜브에 예쁜 글씨체 영상도 많이 있고, 시중에 글씨체 교정 책도 많습니다. 《초등학생 반듯한 글씨체 만들기》, 《속담 따라 쓰기로 글씨체 바로잡기》, 《바른 글씨체를 잡아 주는 사자성어 따라쓰기》 등을 추천합니다. 이런 자료들을 최대한 활용해서 아이의 글씨체를 잡아 줘야 합니다. 아예 글씨체 교정을 위한 어린이 연필 교정기를 사용해도 좋습니다.

Chapter 4

학교와 부모 관계 질문:

너무 가깝지도 너무 멀지도 않게

고학년 아이의 공개수업에 꼭 참석해야 하나요?

　교사들은 학부모 대상으로 공개수업을 할 때 신경 써서 많은 준비를 합니다. 부모님들이 학부모 상담을 제외하고 학교에 오는 공식적인 기회가 별로 없기 때문입니다. 교사들은 옷을 단정하게 입는 것은 물론이고, 어떤 과목을 가지고 공개수업을 할지도 고민합니다. 공개수업의 과목은 선생님이 스스로 결정합니다. 본인이 좋아하는 과목이나 자신 있는 과목을 주로 합니다. 보통 주지 교과인 국어, 수학, 사회, 과학 중에서 많이 선택하는데, 특히 국어와 수학을 많이 합니다. 아이들의 모둠활동이나 발표를 시킬 때 가장 무난하고 내용도 풍부하기 때문입니다.

　부모님들은 이 공개수업에 꼭 참석해야 할까요?

　실제로는 저학년 부모님들이 많이 참석합니다. 학년이 올라가면서 참석 비율이 낮아져서 고학년이 되면 참석 인원이 극소수입니다. 저학년 부모님들은 워낙 아이의 학교생활을 궁금해하고 관심도 많다 보니 대부분 참석합니다. 자신의 부모님만 참석하지 않은 것을 알고 아이가 울거나 집에 가서 화를 내는 경우도 있습니다. 학년이 올라가면서 부모님들의 전체적인 참여도가 낮아지니까 고학년 아이는 부모님이 학교에 오는 것을 부끄럽게 생각해서 아예 오지 말라고 하는 경우도 있습니다.

저는 도저히 시간을 낼 수 없는 불가피한 사정이 아니라면 학부모 대상 공개수업에는 참석하시길 권합니다. 앞에서도 말했듯이 부모님들이 학교에 오실 일이 거의 없습니다. 학부모 상담 때는 담임 선생님과 빈 교실이나 상담실에서 이야기를 나누는 것입니다. 반면, ==공개수업 때는 우리 아이의 평소 수업 태도와 자세, 담임 선생님의 수업 모습까지 한꺼번에 볼 수 있습니다.== 담임 선생님도 평소 수업보다 더 신경 써서 준비하고, 아이들도 뒤에 부모님이 와 계시면 긴장해서 바른 자세로 수업에 집중합니다.

1년에 1~2번 정도는 우리 아이가 어떤 교실 환경에서 수업을 받고 있고 친구들과 어떻게 생활하는지 직접 보실 필요가 있습니다. 공개수업 후에 교실 환경과 친구들에 대해서 아이와 대화하시길 권합니다.

"우와, 너희 반 교실에는 보드게임이 많더라. 특이하게 교실 옆에 독서 기록판이 있더라." 이런 식으로 부모님이 먼저 아이에게 이야기를 하면 아이는 신이 나서 설명을 할 것입니다.

우리 아이가 공개수업 때 발표를 한 번도 못했거나 가만히 있어도 너무 뭐라고 탓하지 마시기 바랍니다. 초등학교 40분 수업 시간 동안 25명의 아이들이 한 번씩 발표하는 것은 현실적으로 어렵습니다. 뒤에 부모님들이 와 계시니 긴장해서 평소와는 다르게 발표하지 못하는 아이들도 있습니다. 충분히 그럴 수 있습니다.

일 때문에 부득이하게 바빠서 참석을 못하실 경우에는 어쩔 수 없지만, 가능하면 공개수업에 참석해서 우리 아이가 어떤 교실에서 수업을 받고 학급의 분위기는 어떤지 살펴보세요. 예전 학창 시절로 돌아가서 담임 선생님의 수업도 집중해서 들어보면 아이의 입장을 좀 더 이해하는 계기가 될 수 있습니다.

담임 선생님과 상담할 때 요령이 따로 있을까요?

담임 선생님과 상담할 때는 다음의 4가지 방법을 활용하면 좋습니다.

첫째, 적어도 3~4일 전에 상담 날짜와 시간을 정한다

학부모님이 담임 선생님에게 급하게 상담을 요청하는 경우가 있습니다. 갑자기 오늘 오후나 내일 만나자고 하시면 일정이 안 맞을 수도 있습니다. 교사들의 경우 학년마다 수업 끝나는 시간이 다 다릅니다. 보통 저학년 선생님들은 1시 30분, 중학년 선생님들은 2시, 고학년 선생님들은 3시 정도에 끝납니다. 수업이 끝나면 수시로 같은 학년 선생님들끼리 모여서 교육과정 및 준비물, 학급 운영 등에 대한 동학년 협의를 진행합니다. 이 협의 외에 교육청에서 주관하는 각종 연수가 많아서 오후에 출장을 가는 경우도 자주 있습니다. 교사들끼리의 전문적 학습공동체 연수도 종종 있습니다. 또 아이들이 하교한 후에 담당 업무와 관련된 공문을 처리하는 등의 일을 합니다. 다음 수업을 위해 교재를 연구하고 수업도 준비해야 하기 때문에 담임 교사의 일정을 고려해서 3~4일 전에 약속을 잡고 상담하는 것이 좋습니다.

==상담 신청 전화는 학년에 상관없이 오후 3시 이후에 하시는 것이 좋습니다.== 가끔 수업 중에도 학부모님의 전화가 오는 경우가 있습니다. 아이들에게 수업 중 참고 영상을 보여줄 때 학부모님한테 전화가 오면 찰나의 순간 그 전화를 받아야 하는지 고민됩니다. 물론 수업 중이니 전화를 받지 않고 쉬는 시간에 연락을 드리면 "우리 아이가 감기에 걸렸으니 급식 후 약을 먹도록 지도해달라", "오늘 집에 일이 있으니 방과후 학교에 가지 말고 바로 집으로 보내달라" 등을 부탁하십니다. 부모님 입장에서는 중요한 내용이겠지만 그런 일들의 경우에는 수업 시간을 피해서 연락을 주시거나 문자 메시지 등을 활용하셔도 충분합니다.

둘째, 알림장이나 휴대폰 문자 메시지를 활용한다

담임 교사에게 하고 싶은 이야기가 있을 때는 아이의 알림장에 포스트잇으로 살짝 메모를 해서 보내주시면 됩니다. 아이에게 알림장을 꼭 선생님께 보여드리라고 이야기하면 교사가 확인해봅니다. '담임 선생님에게 포스트잇으로 하고 싶은 말이나 전달하고 싶은 의견을 제시하면 너무 성의 없어 보이는 건 아닐까?'라고 걱정하실 수도 있습니다만, 그렇지 않습니다. 오히려 교사 입장에서는 아이에 대한 정보를 얻게 되어 사전에 준비할 수 있어서 대부분 고마워합니다.

저 역시 그런 적이 있습니다. 작년에 한 학부모가 운동부인 아이가 대회 출전을 앞두고 매일 새벽에 훈련을 해서 피곤해하니까 혹시 학교에서 졸거나 잠을 자면 꼭 이야기해달라는 메모를 포스트 잇에 써서 보내주셨습니다. 그 메모를 본 교사가 "에잇! 포스트잇은 너무 성의가 없잖아! 이게 뭐야?"라고 기분 나빠하겠습니까? 아닙니다. 그 아이가 운동부라는 것은 알았지만 대회 준비 때문에 매일 새벽 훈련을 하는 것까지는 몰랐습니다. 오히려 새로운 정보를 알게 되어서 그 아이가 수업에 집중하는지 조금 더 챙겨보고, 쉬는 시간에 격려할 수 있었습니다. "요즘 매일 새벽 훈련하느라 힘들지! 조금만 더 힘을 내." 그렇게 관심을 보이게 되는 긍정적인 효과가 있습니다.

교사와 소통할 때는 ==휴대폰 문자 메시지를 적극 활용하는 것도 좋습니다==. 간혹 수시로 전화를 하시는 부모님들도 있는데 수업 중이나 퇴근 후 통화가 어려울 경우도 있습니다. 문자 역시 교사가 확인 후에 그에 따라 적절한 조치를 취할 수 있으니 간편하게 활용하시면 됩니다.

셋째, 어떤 이야기와 질문을 할지 미리 준비한다

담임 교사를 만나는 이유와 계기를 먼저 생각해보고 상담 주제, 질문 목록 등을 준비해서 만나야 합니다. 예를 들어, 교사에게 물어볼 때도 막연하게 "요즘 우리 아이의 친구관계는 어떤가요?"라고 하시면 안 됩니다. 그러면 교사도 추상적으로 "친구관계가 원만하고 좋습니다"라고 대답할 수밖에 없습니다. 좀 더 구체적으로 ==**"우리 아이가 집에 와서 도현이 이야기를 많이 하던데 요즘 둘이 잘 지내나요?"**==라고 물어보셔야 합니다. 그러면 교사가 평소 보고 느낀 바를 이야기해드릴 수 있습니다. 또 "우리 아이의 학교생활은 어떤가요?"라는 질문보다는 ==**"우리 아이가 음악을 어려워하는데 음악 시간에 수업 참여는 잘하나요?"**==라고 세부적으로 물어보시는 게 좋습니다. 결국 부모님들이 교사를 만나기 전에 어떤 주제를 가지고 무슨 이야기를 주로 나눌 것인지 생각하고 만나야 합니다. 사전 준비를 해야 조금 더 밀도 있고 서로에게 도움이 되는 정보를 교환할 수 있어서 유익한 시간이 될 것입니다.

넷째, 가급적 가정과 연계되는 이야기를 나누면 좋다

아이의 교육은 전적으로 학교에서만 이루어지지 않습니다. 가정과 학교에서 함께 관심을 갖고 노력할 때 교육적 성취를 이룰 수 있습니다. 따라서 가정과 연계되는 주제를 가지고 이야기를 나누면 좋습니다. 예를 들어, 우리 아이가 집에서는 책을 볼 때 주로 학습만화를 보는데, 학교에서는 어떤 책을 보는지 어떻게 독서 교육을 하면 좋은지 서로 이야기를 나누는 것입니다. 가정과 학교에서 동시에 교육 효과를 극대화시킬 수 있는 방안을 교사와 학부모가 함께 모색해야 합니다. 모든 상담의 주제를 이런 식으로 가정과 연계하는 것은 현실적으로 힘들 것입니다. 하지만 가정과 연계되는 주제를 통해 서로 아이의 발전을 도모하고 개선 방향을 함께 찾는 과정에서 교육적 효과를 높일 수 있을 뿐만 아니라 이야기도 훨씬 잘 풀릴 수 있습니다.

전화 상담을 하면
무성의한 부모로 보일까요?

　학부모 상담은 크게 3가지 방식으로 진행됩니다. 학교 방문 상담과 전화 상담, 인터넷 이메일을 통한 상담입니다. 학교에 따라 이메일 상담을 실시하지 않는 곳도 있습니다. 학부모 상담 기간 전에 학교에서 안내장이 미리 나가며 희망하는 상담 방법과 일정을 조사합니다. 물론 상담을 희망하지 않는 분들도 있습니다. 대개 학교 방문 상담 50%, 전화 상담 30%, 상담을 희망하지 않는 경우 20% 등입니다.

　전화 상담을 희망한다고 할 경우 혹시 무성의한 부모로 보이는 것은 아닌지 걱정스러워서, 직장에 다니는 분들 중에는 하루 휴가를 내서 무리하게 방문 상담을 하는 경우도 있습니다. 하지만 전화 상담을 한다고 해서 무성의한 부모로 보지 않습니다. 바쁘시면 충분히 그럴 수 있습니다. 교사들은 다 이해합니다. 솔직히 교사 입장에서는 방문 상담보다 전화 상담을 선호하는 경우가 많습니다. 더 간편한 데다 얼굴을 맞대고 이야기 나누는 것보다 전화 상담이 덜 부담스럽기 때문입니다. 전화 상담을 한다고 해서 걱정하실 필요는 전혀 없습니다.

전화 상담을 할 때 부모님이 전화를 걸어야 하는지, 선생님이 전화할 때까지 기다려야 하는지도 중요하지 않습니다. 대부분 상담 약속을 잡을 때 담임 선생님이 미리 안내를 합니다. 그런 구체적인 약속이 없었다면 상담 약속 시간 직전에 담임 선생님께 잠시 후 전화를 하겠다는 문자를 보내고, 약속 시간에 전화하시면 됩니다.

중요한 것은 방문 상담이냐 전화 상담이냐가 아니라 상담의 내용입니다. 전화 상담을 하는데 다짜고짜 "우리 아이에 대해서 이야기해보세요", "우리 아이에 대해 하실 말씀 있으면 한번 해보세요"라고 요구하는 태도는 좋지 않습니다. 가끔 전화 상담을 할 때 담임 교사가 우리 아이를 얼마나 파악하고 있는지 테스트하거나 일방적으로 말해보라고 하면 참 난감합니다.

상담相談은 "어떤 일을 서로 의논하거나 그 방면의 전문가에게 의뢰함"이라는 뜻입니다. 학부모 상담은 우리 아이에 대해 담임 교사와 부모님이 서로 이야기를 나누며 의논하는 것이니 미리 무엇을 물어보고 어떤 이야기를 나눌지 충분히 고민하셔야 합니다. 중요한 것은 상담의 형식이 아니라 내용입니다.

1학기 학부모 상담 때는 무엇을 물어봐야 할까요?

보통 학교에서는 한 학기에 한 번씩 학부모 상담을 합니다. 1학기 때는 주로 부모님이 교사에게 이야기를 많이 하고, 2학기 때는 교사의 이야기를 듣는 것이 일반적입니다. 1학기 학부모 상담 때는 담임 교사가 아직 아이의 특성을 구체적으로 파악하지 못한 채 상담에 임하게 됩니다. 이때는 부모님이 묻기보다 주로 이야기하며, 아이의 특성, 당부의 말씀 등을 전해주셔야 합니다.

==아이의 건강 상태, 식습관, 특성 등을 구체적으로 말씀하시면 좋습니다.== 학기 초에 "가정환경조사서"를 제출하지만, 그것으로 부족하며 분량 제한으로 자세하게 쓰기 어려울 수도 있습니다. 우리 아이가 아토피, 알레르기, 멀미 등을 한다면 자세하게 이야기해주셔야 교사가 학급 운영에 참고할 수 있습니다. 치과, 피부과 등의 병

원에 정기적으로 다니는 것도 미리 말씀해주시면 좋습니다.

상담에서는 부모님의 태도가 중요합니다. 부모님이 알고 있는 아이와 교사가 파악한 아이가 다른 경우가 종종 있습니다. 그 사실을 받아들이지 못하는 부모님들이 많습니다. 아이가 수업 중에 아기처럼 행동하거나 모둠활동에서 자기주장이 강하여 항상 마찰이 생기는 경우가 있습니다. 부모님에게 조심스럽게 이야기를 했더니, "아니요, 우리 아이가 그럴 리가 없어요", "우리 아이가 얼마나 배려심이 많고 어른스러운데요"라고 말씀하시면 교사 입장에서는 다음 이야기를 하기 어렵습니다. 일단 선생님의 말은 수용하며, 그 후에 아이와 이야기를 나눠보고 차후에 다시 상담을 하는 것이 좋습니다.

전년도 학급에서 특별한 일이 있었을 경우에는 부모님이 담임 교사에게 말씀해주시는 것도 필요합니다. 예를 들어, 아이들과 놀다가 다툼이 있었는데 선생님이 우리 아이에게만 사과하라고 강요해서 아이가 억울해하며 상처를 받았다는 이야기를 하시는 것입니다. 지난 학년 담임 선생님을 비난하는 것이 아니라 풀지 못한 일이 있거나 아쉽게 생각하는 일, 에피소드 등을 이야기해주시면 아이의 특징을 파악하는 데 도움이 됩니다. 그러면 교사는 아이가 올해에는 억울하지 않게 이야기를 찬찬히 들어주며, 먼저 사과하라고 강요하지 않을 것입니다.

결국 1학기 학부모 상담 때는 부모님이 교사에게 아이에 대하여 많은 이야기를 해주시는 것이 좋습니다. '이런 것까지 말해도 되나?'라고 고민하지 마시고, 아이에 관한 어떠한 정보라도 제공해주셔야 합니다. 아이에 대해서 많이 알아야 교사가 아이를 주의해서 제대로 판단하고, 필요할 경우 부모님과 다시 상의하여 개선점을 모색해나갈 수 있습니다.

2학기 학부모 상담 때는 무엇을 물어봐야 할까요?

2학기 학부모 상담에서 담임 선생님에게 물어봐야 할 내용들입니다. 다음의 7가지 질문을 순서대로 하시면 됩니다.

첫째, 아이들 가르치고 지도하시느라 고생이 많으시죠?
첫 질문은 부드러운 분위기를 위해서 '교사의 수고를 알고 있다'라고 인정하면서 시작하면 좋습니다. 수업 진행과 아이들 지도는 교사가 당연히 해야 할 일이지만 그 수고로움을 알고 있다고 인정하며 접근하면 우호적인 분위기에서 상담을 이끌어갈 수 있습니다. 하루에도 몇몇 아이들이 울고 다투며 교사에게 하소연합니다. 쉬는 시간에 잠시 자리를 비우면 또 싸움이 납니다. 한 반에 25명 정도 되는 아이들과 매일 전쟁 아닌 전쟁을 하는 어려움에 학부모님들이 공감하며 상담을 하면 교사도 사람인지라 우호적인 분위기에서 상담이 원활하게 진행될 수 있습니다.

둘째, 우리 아이의 학습 수준은 어떤가요?

담임 교사에게 아이의 학습 수준은 어떤지, 학습부진이 발생한 과목은 없는지 물어보셔야 합니다. 이 질문이 가장 중요합니다! 초등학교 교실에서도 아이들의 학습격차가 존재합니다. 이것은 엄연한 사실입니다. 부모님들은 우리 아이의 학습 수준이 어떤지, 어떤 과목에 어려움을 겪고 있는지 정확하게 아셔야 합니다.

아이의 수준을 가장 정확하게 알고 있는 사람이 바로 담임 선생님입니다. 우리 아이의 학습 수준이 높다면 계속 꾸준하게 유지할 수 있도록 하면 됩니다. 아이가 영어나 수학, 다른 부분에서 학습부진을 보인다면 반드시 보충해주셔야 합니다. 교사는 아이의 학습부진을 알고 있더라도 먼저 솔직하게 이야기하기는 다소 부담스럽습니다. 부모님이 상담을 할 때 먼저 우리 아이의 학습 수준과 부족한 과목 등에 대해 담임 선생님의 의견을 물으시면 자세하게 이야기해드릴 수 있습니다.

셋째, 우리 아이의 과제 충실도는 어떤가요?

아이들이 해온 과제를 보면 천차만별입니다. 정성껏 시간을 들여 제대로 한 아이도 있지만, 그렇지 않고 대충 하는 아이들도 많습니다. 아예 과제를 하지 않는 아이들도 있습니다. 그런데 부모님들이 아이에게 "오늘 숙제 있니? 다 했어?"라고 물으면 아이는 항상 "그럼, 이미 다 했지"라고 대답하고 게임을 하거나 유튜브 영상을 봅니다. 부모님들은 아이의 과제 충실도까지는 잘 모르는 경우가 많습니다. ==과제를 충실하게 한다는 것은 아이의 성실성과도 직결되는 부분입니다.== 그런 점에서 우리 아이의 과제 충실도에 대해서 물어보시면 좋습니다.

넷째, 수업 참여도는 어떤가요? 수업 시간에 집중하나요?

학교에서 아이들의 수업 태도가 엉망인 경우가 많습니다. 특히 수업 시간에 앉아 있는 자세가 불량한 편입니다. 엉덩이를 앞으로 빼고 의자에 기대어 앉는 아이, 다리를 올리고 앉아 있는 아이, 다리를 꼬고 있는 아이, 엎드려 있는 아이 등 여러 모습을 보입니다.

저희 반만의 문제가 아니라 다른 반, 다른 학년, 다른 학교 선생님들도 공통적으로 이야기하는 부분입니다. 왜 그럴까 생각해봤더니 코로나19로 인한 온라인 수업의 부작용 때문입니다. 아이들은 집에서 온라인 수업을 들을 때 편한 자세와 복장으로 있습니다. 심지어 누워서 보기도 합니다. 그러다가 학교에 와서 수업을 들으려니 답답하고 힘이 들 수밖에 없습니다. 수업 시간에 아무 말도 안 하고, 낙서를 하거나 창밖만 바라보는 아이들도 있습니다. 부모님들은 우리 아이가 학교에서 그렇게 생활하는지 잘 모릅니다. 따라서 우리 아이가 수업에는 잘 참여하는지, 수업 시간에 제대로 집중하는지도 꼭 물어보시기 바랍니다.

다섯째, 우리 아이의 친구관계는 어떤가요?

"우리 아이 친구관계가 어떤가요?" "특별히 사이가 안 좋거나 자주 다투는 친구가 있나요?" 이 질문도 학부모 상담을 할 때 꼭 물어봐야 하는 필수 질문입니다. 학교에서 짝과 잘 지내는지, 모둠활동에는 적극적으로 참여하며 다른 친구들과의 관계에서 문제는 없는지 물어보셔야 합니다. 간혹 학습 능력이 우수한 아이들 중에는 지나치게 잘난 척을 해서 친구관계가 안 좋은 경우가 있습니다. 무조건 다른 친구에게 이겨야 해서 패배를 인정하지 못하거나 본인 마음대로 안 되면 울거나 화를 내는 아이도 있습니다. 그러면 다른 친구들이 그 아이를 피할 수밖에 없습니다. 가정에서의 아이 모습과 학교에서의 아이 모습이 다른 경우가 많으니 교우관계에 대해서도 물어보고 이야기를 나누셔야 합니다.

여섯째, 우리 아이의 장점은 무엇인가요?

사람마다 보는 관점이 다릅니다. 부모님이 봤을 때는 우리 아이가 한없이 어리고 문제가 많고 잘못된 점들만 보이는데 교사 입장에서는 부모님이 보지 못한 장점을 봤을 수 있습니다. ==평소 잘못을 지적하는 것보다는 칭찬을 하는 것이 중요하고, 부모가 보지 못하는 객관적인 아이의 장점이 중요합니다.== 따라서 우리 아이의 장점이 무엇인지 물어보시는 것도 좋습니다.

일곱째, 우리 아이가 앞으로 보완해야 할 점은 무엇인가요?

이것은 특정 과목이 될 수도 있고, 생활 태도가 될 수도 있습니다. 2학기가 지나면 또 한 학년이 올라갑니다. 이런 상황에서 우리 아이에게 부족한 점이 무엇이고, 그것을 보완하려면 어떻게 해야 하는지 물어보셔야 합니다. 그리고 그 부족한 점을 담임 선생님과 함께 고민하고, 개선 방안을 모색해야 합니다.

어떤 아이는 공부는 잘하는데 공감 능력이 부족한 경우가 있습니다. 그래서 다른 친구들이 떠들거나 시험에서 틀리는 것을 이해하지 못하며 비난합니다. 부모님 입장에서는 우리 아이가 공부를 잘하니까 문제가 없다고 생각하시겠지만, 그런 아이들은 나중에 공부만 잘하고 주변에 친구가 없어서 문제가 될 수도 있습니다.

어떤 아이는 머리는 좋은데 집중력이 극히 부족한 경우도 있습니다. 수업 시간에도 주의가 산만하고 계속 왔다 갔다 하고 다른 친구가 무엇을 하는지 참견합니다. 그런 구체적인 상황에 대해 교사와 학부모님이 함께 보완점을 찾아야 합니다.

아이의 단점을 선생님과 공유하는 것이 좋을까요?

 아이의 단점을 선생님과 공유하는 것이 좋습니다. 아니, 무조건 말씀해주셔야 합니다. 세상에 단점이 없는 사람은 아무도 없습니다. 특히 아이들은 아직 미성숙하며, 학습이나 생활 측면에서 미흡한 부분이 많고 단점도 많습니다. 선생님이 아이에 대해 최대한 많이 아는 것이 좋습니다. 교사로서 아이에 대해 많이 알아야 하나라도 더 신경 써줄 수 있고, 맞춤형 지도가 가능합니다.

 그렇지만 현실에서는 아이의 단점을 말하지 않는 부모님들이 다수입니다. 아이의 단점을 부모님의 잘못으로 생각하는 경향도 있습니다. '아이는 부모의 거울'이라는 말이 있지만, 아이의 부족한 점을 보며 부모님의 탓을 하는 교사는 없습니다.

 부모님이 아이의 단점을 말하지 않더라도 결국 교사가 파악합니다. 교사는 아이들과 함께 생활하며 개성과 특징을 파악하는 데 특화된 사람들입니다. 사실 일주일만 아이들과 함께 공부하며 생활하면 어느 정도 아이들의 장단점을 파악할 수 있습니다. 따라서 담임 선생님에게 솔직하게 이야기하고, 그 단점을 어떻게 보완할지 함께 고민하는 것이 시간도 절약하고 효율적입니다.

간혹 학부모 상담 때 교사가 아이의 특징을 이야기하면 부모님들이 이에 동조하며, 아이의 단점으로 고백하는 경우가 있습니다. 평소 부모님도 우려했던 부분을 담임 교사가 그대로 이야기한 것입니다. 부모님과 교사가 아이의 장점뿐만 아니라 단점도 함께 공유하면, 단점을 보완할 수 있도록 조언해주고, 신경을 써줄 수 있습니다.

교사가 아이의 단점을 알았다고 선입견을 갖거나 혼내는 것이 아닙니다. 부족한 부분을 어떻게 발전시킬 수 있는지 방법을 알려주고 해결책을 제시하니 교사를 믿고 단점을 공유하는 것이 아이를 위한 길입니다. 교사는 공부 잘하고 생활 측면에서도 완벽한 아이보다 부족하고 단점이 많은 아이가 조금씩 성장하며 발전하는 모습에 더 큰 보람과 기쁨을 느낍니다.

아이 성적표에 온통 좋은 글만 있는데 그대로 믿어야 할까요?

아닙니다. 100% 믿지 마세요. 요즘 아이들의 성적표에는 대부분 좋은 이야기만 씁니다. 예전 성적표에는 과목마다 "수, 우, 미, 양, 가" 또는 "잘함, 보통, 노력을 요함" 등으로 표시했습니다. 요즘에는 아이들의 성취 기준 도달 정도를 3단계로 구분하여 기록합니다. 그런데 그 성취 기준이 모호하게 기술되어 있습니다. 예를 들어, 3학년 2학기 국어 〈쓰기〉 영역의 성취 기준은 "읽는 이를 고려하며 자신의 마음을 표현하는 글을 쓴다"입니다. 이 성취 기준에 대하여 '상上' 수준 아이들과 '중中' 수준의 아이, 마지막 '하下' 수준의 아이들에게는 다음과 같이 기술합니다. 설령 우리 아이가 학습 능력이 낮은 '하' 수준이더라도, 성적표의 내용만 보면 국어 〈쓰기〉 영역에서 성취도가 부족하다는 것을 부모님이 알아내기는 어렵습니다.

| 국어 〈쓰기〉 영역 성취 기준 |

기준	읽는 이를 고려하며 자신의 마음을 표현하는 글을 쓴다.
상(上)	읽는 이의 흥미나 관심, 입장, 반응 등을 충분히 고려하여 다른 사람에게 전하고자 하는 자신의 마음을 잘 드러나게 글을 쓸 수 있다.
중(中)	읽는 이의 흥미나 관심, 입장, 반응 등을 고려하여 자신의 마음을 전하기 위한 글을 쓸 수 있다.
하(下)	자신의 마음을 전하기 위한 간단한 글을 쓸 수 있다.

3학년 2학기 수학 〈도형〉 영역의 성취 기준은 "원의 중심, 반지름, 지름을 알고 그 관계를 이해한다"입니다. 이 성취 기준에 대하여 '상上' 수준 아이들과 '중中' 수준의 아이, 마지막 '하下' 수준의 아이들에게는 다음과 같이 기술합니다. 국어와 마찬가지로 '하' 수준의 아이들에게도 부정적인 내용은 전혀 없기 때문에 우리 아이가 수학 〈도형〉을 모르더라도 부모님 입장에서는 성적표에 나온 내용만 가지고 파악하기 어렵습니다.

| 수학 〈도형〉 영역 성취 기준 |

기준	원의 중심, 반지름, 지름을 알고 그 관계를 이해한다.
상(上)	원의 중심, 반지름, 지름의 의미와 그들 사이의 관계를 바르게 설명할 수 있다.
중(中)	주어진 원에서 원의 중심, 반지름, 지름을 나타내고, 그 의미를 말할 수 있다.
하(下)	주어진 원에서 원의 중심, 반지름, 지름을 찾을 수 있다.

간혹 성적표의 "교과학습 발달상황" 내용 중 "어려움을 겪는다", "간단한", "도움을 받아", "일부" "이해하지 못하며" 등의 내용이 있다면, 우리 아이가 해당 과목의 영역에서 '하' 수준일 확률이 높습니다. 따라서 성적표의 내용을 너무 글자 그대로 이해하지 마시고, 어느 정도 걸러서 봐야 하며 말 속의 뼈를 찾으셔야 합니다. 즉, 읽었을 때 대체로 앞에 긍정적이며 좋은 이야기가 나오고 뒤에 약간 부정적이며 노력이 필요하다는 내용이 나오면 뒷부분의 내용을 집중해서 보셔야 합니다.

성적표에서는 "교과학습 발달상황"보다 담임 선생님이 직접 기술하는 "행동특성 및 종합의견"을 꼼꼼하게 살펴보시는 것이 좋습니다. "학습 능력이 우수하고 교우관계가 원만함"이라고 쓰여 있으면 평범하고 무난하다는 뜻입니다. 그런데 구체적인 사례가 들어 있다면 실제 교사가 보고 느낀 부분을 사실적으로 쓴 것입니다. "모둠활동에서 친구를 잘 돕고……"라고 되어 있다면 아이가 실제 그렇게 행동하는 것을 관찰했다가 기술한 것입니다.

학기말에만 아이 성적에 관심을 갖지 마시고, 평소 아이에게 물어보며 계속적으로 파악하셔야 합니다. 즉, 연말 성적표만 보면서 아이의 학업 수준이나 학교에서의 생활을 판단하지 마시고, 항상 아이의 학업 성취도 및 학교생활에 관심을 가지셔야 합니다.

선생님이 성적표에 아이에 대해
안 좋게 쓰셨는데 연락해야 할까요?

앞서 이야기한 것처럼 요즘 성적표에는 대부분 좋은 이야기가 가득합니다. 그것은 전국의 어느 초등학교든지 대동소이大同小異합니다. 이러한 상황에서 우리 아이의 성적표에 안 좋은 이야기가 있다면 실제로 큰 문제가 있다는 의미입니다.

아이들의 성적표는 학급 담임 선생님이 작성하지만 단독으로 기록하지 않습니다. 담임 교사가 1차로 성적표를 완성하면, 같은 학년의 선생님들이 번갈아 검토합니다. 그 후에 2차로 다른 학년 선생님들과 교환하여 다시 검토합니다. 그러한 일련의 과정을 거친 후 교감 선생님과 교장 선생님의 최종 결재를 받고 부모님에게 성적표가 나갑니다.

사전에 지나치게 부정적이거나 나쁜 이야기는 쓰지 말라고 주의를 받고, 검토 과정에서 수정하기도 합니다. 그럼에도 불구하고 안 좋은 이야기가 있다는 것은 그만큼 문제가 심각하다는 뜻입니다. 어떤 내용인지에 따라 다르겠지만 담임 선생님에게 연락하는 것도 한 가지 해결 방법이 됩니다. 다만 연락을 해서 항의하며 따지는 것이 아니라 아이의 부족한 점을 어떻게 고쳐나가면 좋을지 함께 고민하고 조언을 구해야 합니다.

부모님이 전혀 생각하지 못한 부분이면 전화해서 "한 학기 동안 너무 감사했어요. 성적표에 있는 이런 내용은 제가 전혀 모르고 있었습니다. 앞으로 어떤 부분을 개선하면 좋을까요?"라고 물어보면 담임 교사도 고민하며 썼기 때문에 나름대로 생각하는 대안을 제시할 것입니다.

"수업 태도가 좋지 않으며, 2학기 때 좀 더 집중하며 발전했으면 좋겠음"이라는 내용에 대해서는 굳이 담임 교사에게 전화해서 문의하기보다는 먼저 아이와 대화해야 합니다. 수업 태도를 개선하고 수업에 집중하는 것은 아이의 몫이기 때문입니다. 이 경우 선생님께 연락을 해도 뾰족한 방법이 없습니다.

성적표의 행동발달 종합의견은 한 학기 동안 아이를 지켜본 담임 선생님이 고민하며 쓴 종합의견일 뿐입니다. 그것이 부모님이나 아이 입장에서는 기분 나쁠 수도 있지만 아이와 함께 학교생활을 반성하고 아이의 부족한 점을 보완하는 자료로 활용하는 것이 좋습니다.

아이가 임원이면 부모가 학교 일을 꼭 해야 하나요?

 아닙니다. 요즘에는 아이가 학급 임원이라고 해서 부모님이 특별히 학교 일을 할 필요가 없습니다. 딱히 할 일도 없습니다. 예전 국민학교 시절에는 학급 임원의 부모님이 육성회나 어머니회에 반강제적으로 가입해서 활동해야 했지만, 요즘에는 그런 조직이 모두 없어졌습니다.

 학교에 공식적으로 조직된 단체는 학교 운영위원회로, 이 운영위원회는 아이가 학급 임원이라고 부모님이 가입하는 것이 아니라 교사, 학부모, 지역사회 인사 등이 골고루 참여하는 조직입니다. 학교에 따라서는 녹색 어머니회 활동을 하는데, 학급 임원뿐만 아니라 여건이 되는 부모님들이 돌아가며 활동하는 것이 일반적입니다. 부모님은 아이의 학교생활을 조력하며 보조하는 역할이지 부모님이 학교생활을 하는 것은 아닙니다. 따라서 아이가 학급 임원이라고 학교 일을 해야 한다는 것은 예전의 고정관념입니다. 다만 아이에게 학급 임원으로서 당부하고 교육할 필요는 있습니다. ==항상 솔선수범하고 모범을 보이라고 강조해야 합니다.==

"네가 회장이라고 아이들의 위에 있는 건 아니야. 너도 다른 아이들과 똑같은 학생일 뿐이야. 학급 임원은 담임 선생님과 아이들을 연결해주는 사람이고. 그러니 친구들에게 지시하거나 명령하지 말고, 네가 먼저 나서서 도와줘야 해."

가정에서 부모님이 아이에게 임원으로서 책임감을 갖도록 지도하시는 것이 반드시 필요합니다. 요즘 학급 임원은 성적과 무관하게 친구들의 추천을 받거나 희망하는 아이들이 자진해서 출마하기 때문에 자칫 인기투표로 변질되는 경우가 있습니다. 따라서 부모님이 학교에서 특별히 할 일은 없지만 아이에게 학급 임원으로서 마음가짐과 자세, 태도 등을 계속 교육하며 관심 있게 지켜보셔야 합니다. 그것이 학급 임원의 부모님으로서 꼭 해야 할 일입니다.

이상적인 교사와 학부모의 관계는 무엇일까요?

대부분 교사와 학부모의 관계는 주로 학부모님이 교사에게 어떤 입장을 취하고 행동하느냐에 따라 결정되는 경우가 많습니다. 담임 교사는 한 명이고, 학부모님들은 다수이기 때문에 똑같은 교사라 하더라도 어떤 학부모님이냐에 따라 그 관계가 달라지기 때문입니다. 크게 3가지 관계가 있습니다.

첫째, 긴장과 대립의 관계

학부모님이 수시로 담임 교사에 대해 민원을 제기하는 경우입니다. 예를 들어, 왜 우리 아이는 수업 중 손을 들었는데 발표를 시키지 않는지, 왜 학급 SNS에 우리 아이의 사진은 매번 찡그린 얼굴을 올리는지, 왜 우리 아이에게는 칭찬을 해주지 않는지 등의 내용으로 민원을 자주 제기하는 분들이 있습니다. 그것도 담임 선생님에게 직접 이야기하지 않고, 바로 교장실이나 교육청에 연락을 해서 뒤늦게 담임 선생님이 그 이야기를 전달받는 경우입니다. 그 민원이 타당한 경우도 있습니다. 하지만 대부분의 교사들은 그렇게 행동하지 않습니다. 어떤 아이 한 명만 딱 선택해서 그 아이의 찡그린 사진을 골라 학급 SNS에 올리는 것이 오히려 시간도 더 오래 걸리고 힘들 것입니다.

학교에 직접 찾아오거나 교사의 휴대폰으로 한밤중에 전화해서 항의하는 학부모님도 계십니다. 물론 그럴 수 있습니다. 하지만 "같은 말이라도 아 다르고 어 다르다"는 말처럼, 좀 더 부드럽게 표현하시는 것이 서로에게 좋습니다. 교사와 학부모님이 언성을 높이고 얼굴을 붉히는 것은 결코 아름답지 않습니다.

둘째, 무관심의 관계

학교에서 어떤 활동을 하는지 학부모가 관심이 없는 경우입니다. 학부모가 교사와 학교를 전적으로 믿고 맡기는 것과는 조금 다릅니다. 간혹 학교에서 부모님의 동의서를 받아오도록 가정통신문을 배부하는 경우가 있습니다. 예를 들어, 학기 초 교육과정 설명회, 1·2학기에 진행되는 학부모 상담, 현장체험학습을 갈 때 참석이나 동의 여부를 묻는 가정통신문을 보냅니다. 그러면 정해진 기한 안에 회신을 주셔야 하는데 아예 답이 없습니다. 아이들의 단원평가에 부모님의 서명을 받아오라고 해도 확인을 안 하십니다. 물론 바빠서서 그럴 수 있습니다. 피치 못할 사정이 있을 수 있으니 충분히 이해합니다. 하지만 생존 수영 교육을 받으러 가는데 저학년 아이가 물안경을 두고 온다거나 현장체험학습을 가는데 도시락을 안 싸주는 것은 무관심의 정도가 심한 경우라고 생각합니다.

셋째, 협력 관계

교사와 학부모가 서로 유기적으로 도와가면서 우호적인 관계를 유지하는 것입니다. 가장 바람직하고 이상적인 관계입니다. 교사와 학부모는 학생을 함께 지도하는 존재입니다. 교사는 학부모로부터 적극적인 지원과 협력을 이끌어내야 하고, 학부모는 교사가 교육에 전념할 수 있도록 도와주는 것입니다. 상호 간에 아이에 대한 정보를 교환하고 함께 교육적인 방향을 모색하며 공동으로 대응하는 아름다운 모습입니다.

매년 2월 말 새로운 반 편성과 학급 담임 선생님이 발표되면 부모님들이 분주해집니다. 새롭게 우리 아이의 담임 선생님이 된 사람이 어떤지를 수소문하는 것입니다. 새 담임 교사의 평판이 좋으면 안도하고 안 좋은 소문을 듣게 되면 낙담합니다. 그런데 교사들도 새 학기를 시작하기 전에 어떤 아이들이 우리 반으로 편성되었는지 지난 학년 담임 선생님들에게 미리 이야기를 듣는 경우가 있습니다. 소위 문제가 있는 아이들이 포함된 경우에는 그 아이가 어떤 특징이 있고 무슨 문제가 있는지 이야기를 듣습니다. 교사와 아이들 간에도 잘 맞는 경우가 있고 그렇지 않은 경우가 있으니 너무 미리 걱정하실 필요는 없습니다. 대개 부모님과 교사의 관계가 원만하고 좋으면 그 영향이 아이에게 그대로 미치는 경우도 많습니다.

담임 선생님에게 부모의 이혼 사실을 이야기하는 것이 좋을까요?

 부모님이 이혼을 했어도 담임 교사가 모르는 경우가 많습니다. 요즘 가정환경조사서는 학생상담카드라는 이름으로 간략하게 작성됩니다. 예전과 다르게 부모님의 이름, 전화번호만 기입하고, 직업도 모릅니다.

 부모님이 이혼 여부를 먼저 이야기한다면 교사가 미리 알고 조심할 수 있다는 장점이 있습니다. 3학년 2학기 사회의 3단원 「가족의 형태와 역할 변화」에서는 '옛날과 오늘날의 가족 형태 비교하기', '오늘날의 다양한 가족 형태 알아보기' 등을 배우게 됩니다. 그 시간에 담임 선생님이 대가족, 확대가족, 다문화가족, 조손가족, 한부모가족 등 여러 가족 형태를 가르칠 때 좀 더 주의해서 말할 수 있습니다.

저는 부모의 이혼 여부를 담임 선생님에게 이야기하는 것이 좋다고 생각합니다. 일부 선생님이 아이에 대해 편견을 갖는다면 어쩔 수 없지만 배려하며 신경 써주는 선생님이 대부분일 것입니다. 미술 시간의 가족 모습 그리기, 국어 시간의 가족과 관련한 글 등 다양한 상황에서 가족이 등장합니다. 그때 교사가 아이 부모님의 이혼 여부를 알고 있다면 보다 세심하게 주의해서 지도할 수 있습니다. 그렇지 않으면 아이가 상처받는 상황이 생길 수도 있습니다.

아이들은 학교에서 생활하는 시간이 집에 있는 시간보다 더 깁니다. 담임 선생님은 부모가 아니지만 아이를 보살피고 책임지며 교육합니다. 그 교육에는 학습 측면뿐만 아니라 정서 및 생활 측면도 포함됩니다. 따라서 아이의 세부적인 상황을 교사가 인지하고 있는 것이 좋습니다. 굳이 말하지 않아도 되지만 아이의 감정 변화를 파악하고, 좀 더 관심을 갖고, 말 한마디라도 신경 써서 해줄 수 있습니다.

이혼은 더 이상 숨기거나 부끄러워해야 할 일이 아닙니다. 우리나라 이혼율은 2018년 10만 9천여 건, 2019년 11만 1천여 건으로 매년 증가하고 있습니다. 이혼 여부를 담임 교사에게 말하는 것은 부모님의 선택 사항이지만, 아이의 원만하고 안정적인 학교생활을 위해 담임 교사를 믿고 이야기해주시는 것이 좋다고 생각합니다.

Chapter 5

아이의 사춘기 질문:

요즘은 사춘기도 빠릅니다

남자(여자) 아이가 저희 아이에게
갑자기 뽀뽀를 했대요

이 문제는 학년에 따라서 다르게 접근해야 합니다.

아이가 저학년이라면 구체적으로 어떤 상황이었는지 확인합니다. 그 후에, 아이의 기분에 상관없이 상대방의 동의를 구하지 않고 신체 접촉을 하는 것은 옳지 않은 행동이라고 알려줍니다. 아이에게 정확하고 단호하게 싫다는 표현을 하도록 지도하는 것도 중요합니다. 아이가 "싫어, 나 기분 나빠!"라고 말할 수 있어야 사전에 이런 행동을 저지할 수 있습니다. 따라서 저학년 아이들이 본인의 감정 상태를 구체적이고 정확하게 말할 수 있도록 교육하고 반복학습해야 합니다. 설령 서로 좋아하는 감정이 있더라도 말로 표현하도록 지도해야 합니다. 자칫 뽀뽀를 당한 아이가 자신이 뭔가 잘못한 것처럼 생각할 수도 있으니 최대한 조심스럽게 접근합니다. 어느 경우이든 담임 선생님에게도 이야기하여 반 자체에서 성교육을 할 수 있도록 하는 것도 좋습니다.

고학년일 경우에도 우선 상황 파악부터 합니다. 후에 아이에 대한 성교육을 실시합니다. "그때 네 기분은 어땠니? 그 애가 그렇게 한 건 안 좋은 행동이야"라고 말해줍니다. 반대로 아이가 "나 오늘 OO한테 뽀뽀했다"라고 말하는 경우에도 그렇게 행동하면 안 된다는 점을 분명하게 가정에서 지도해야 합니다. 담임 선생님에게도 구체적인 상황을 알려서 학교에서 선생님을 통해 상대방 아이에게 적절히 교육이 이루어지도록 합니다. 애정 표현은 좋아하는 관계에서 하는 것이고, 서로 동의가 필수라는 점을 알려줍니다. 원하지 않는 스킨십으로 상대방의 기분이 나쁘고 수치스러우면 그것도 성폭력이라고 말해줍니다. 이러한 상황이 반복된다면 심각하게 받아들여야 합니다. 그럴 경우에는 담임 선생님께 즉시 상황을 알리고, 전문 상담 기관에 의뢰하거나 다른 방법으로 교육이 이루어지도록 해야 합니다.

요즘 아이들은 학교에서의 일을 부모님께 말하지 않는 경우가 많습니다. 항상 아이에게 매일 학교생활 중 어떤 점이 재미있었는지 어떤 점이 아쉬웠는지 자연스럽게 묻고 대화하는 시간을 마련해야 합니다. 대화를 나누면서 아이의 학교생활과 감정 상태를 파악하고, 특이 사항이 있을 경우 담임 선생님과 연계하여 대응해야 합니다. 특히 다른 아이가 개입되는 성폭력 문제는 민감한 사안이므로 반드시 구체적인 상황 파악과 선생님의 협조가 필수입니다.

《사춘기와 성》이란 책을
너무 탐독하는데 괜찮을까요?

《Why? 시리즈》 전집을 사면 가정에서 부모님들이 이 책만 숨기거나 버린다고 합니다. 대부분 학교 도서관이나 지역 공공 도서관에서 가장 낡은 책도 바로《Why? 사춘기와 성》입니다.

사실적이고 자세한 그림과 표현에 부모님들이 많이 놀라고 당황하는 경우가 많습니다. 그 책만 반복해서 탐독하는 아이를 보며 걱정하는 것은 당연합니다. 하지만 괜찮습니다. 초등학생들에게 성에 대한 관심은 지극히 자연스럽고 당연한 과정입니다. 아이가 그 책을 탐독해서 보면, 자연스럽게 "재미있니? 어느 부분이 제일 재미있고 신기해?"라고 이야기를 나누면서 자연스럽게 성교육을 합니다.

아이들에게는 처음 접한 경험이 성의 기준으로 중요하게 자리

잡게 됩니다. 《Why? 사춘기와 성》은 만화책이어서 어느 정도 과장된 부분도 있으니 자연스럽게 이야기를 하며 아이가 궁금해하는 부분을 가정에서 해결해주면 좋습니다. 부모님이 아이와 함께 책을 보며, 아이가 성에 대해 오개념이나 왜곡된 의식을 갖고 있지는 않은지 점검하는 것이 중요합니다.

《Why? 사춘기와 성》 외에 다른 책도 추천해주시면 좋습니다. 《재미있는 사춘기와 성 이야기》, 《안녕, 나의 사춘기》가 있고, 여자아이에게는 《아홉 살 성교육 사전 여자아이》, 《소녀들을 위한 내 몸 안내서》, 남자아이에게는 《아홉 살 성교육 사전 남자아이》가 괜찮습니다.

아이가 선택한 책을 함께 보며 이야기 나누는 것도 자연스러운 성교육 방법입니다. 다만 너무 의식적으로 함께하려고 하기보다는 자연스럽게 접근해야 합니다. 책을 읽다가 궁금한 점이 있으면 언제든 물어보도록 하는 등 열려 있는 가정환경을 조성하는 것이 중요합니다.

3학년 2학기 국어 시간 7단원 「글을 읽고 소개해요」 중 '책 보여주며 말하기'라는 활동이 있습니다. 각자 본인이 읽은 책 중 기억에 남는 한 권을 가져와서 다른 친구들 앞에서 소개하는 시간입니다. 다들 전래동화나 창작동화를 소개하는데 한 여자아이가 《생리를 시작한 너에게》를 소개했습니다. 엄마가 3학년이 된 아이에게 사준 책인데 감명 깊게 읽어서 다른 친구들에게도 알리고 싶다는 것이었습니다. 아직 3학년이라 남자아이들은 쉬는 시간에 그 아이에게 낯선 책과 생리에 대해 묻느라 바빴습니다. 이처럼 성교육은 우리 아이의 신체적·정신적 변화에 관심을 갖고 가정에서부터 시키셔야 합니다. 성교육의 내용과 방법은 각 가정의 여건과 상황에 따라 다릅니다. 중요한 것은 언제나 자유롭고 소통이 가능한, 열려 있는 가정환경입니다.

초등 성교육, 부모가 집에서 어떻게 접근해야 할까요?

　성교육, 반드시 필요합니다! 특히 가정에서 부모님의 역할이 중요하며 부모님이 직접 교육을 하셔야 합니다. 하지만 대체로 학교에서 보건 교사가 성교육을 담당하거나 간헐적으로 외부 전문가의 특강 등으로 대체하는 경우가 많습니다. 담임 교사는 체육 시간이나 창의적 체험활동 시간 등을 활용해서 교육하고, 아이들이 질문하면 거기에 답변하는 정도입니다.

　성교육의 목적은 우리 아이들이 왜곡된 성문화에 흔들리지 않고 올바른 성 가치관을 확립하는 것입니다. 그렇다면 가정에서 성교육을 어떻게 시켜야 할까요? 크게 3가지 사항에 중점을 두면 됩니다.

첫째, 고정된 성관념에 빠지지 않도록 한다

아이들이 저학년부터 고정된 성관념을 갖는 경우가 상당히 많습니다. 여자아이들과 남자아이들은 좋아하는 색도 다르고 하는 놀이도 다르지만, 그것이 남녀의 고정관념으로 인식되지 않도록 남자와 여자의 차이가 틀린 것이 아니라 다르다는 점을 일러줘야 합니다. 집에서 부모님들이 말을 할 때도, "남자는 울면 안 돼!", "여자애가 왜 그렇게 차분하지 못하고 까부니?" 등 성에 대한 편견을 심어주는 말을 하면 안 됩니다.

둘째, 궁금한 것은 쉽게 설명해준다

아이들이 궁금해하는 것들인 임신과 출산, 생식기와 성행위 등의 질문에도 당황하지 말고 자연스럽고 쉬운 말로 설명해줘야 합니다. 부모가 대답을 회피하거나 꺼리는 모습을 보이면 아이는 성은 부끄러운 것이며 말하면 안 된다는 왜곡된 성인식을 가질 수 있습니다. 아이들은 친구나 영상 매체를 통해 과장되고 잘못된 성 지식을 가지고 있는 경우가 많습니다. 그런 부분을 대화를 통해 바로잡아주셔야 합니다. 물론 궁금한 점을 편하게 물어볼 수 있는 분위기가 먼저 조성되어야 합니다. 아이의 질문이 엉뚱하고 황당하더라도 최대한 성의 있게 말해줄 필요가 있습니다. 어른과 아이는 성에 대한 지식과 생각이 다르기 때문입니다.

셋째, 아이들과 자주 대화한다

성교육에서 가장 조심해야 하는 부분은 <mark>요즘 아이들은 휴대폰과 컴퓨터에 무방비로 노출되어 있어서 음란물을 접하기 쉽다</mark>는 점입니다. 부모님들이 막는다고 해도 친구의 휴대폰, PC방의 컴퓨터 등을 통해서도 접할 수 있습니다. 그런 음란물로부터 우리 아이들을 최대한 지킬 수 있어야 합니다. 음란물을 통해 아이들이 왜곡된 성의식을 갖고, 그것이 심화되면 모방하고 싶은 충동에 빠질 수도 있습니다. 아이들은 아직 미성숙하고 성의식이 확립되지 않았는데 성에 대한 호기심과 욕구는 충만한 상태에서 음란물을 계속 볼 경우에는 음란물에서 봤던 내용들을 믿고 현실 세계에서 따라 하고 싶은 충동을 느낄 수 있습니다. 따라서 아이들과 지속적으로 대화하면서 음란물이 자기 자신에게 좋지 않다는 점을 스스로 인식할 수 있도록 해야 합니다.

부모님이 아이의 건전한 이성교제는 권장하며 친구관계에 관심을 갖고, 평소 대화를 많이 해서 요즘 우리 아이가 만나는 이성친구는 누구인지, 고민은 무엇인지 등도 알고 있어야 합니다. 결국 성교육에 관해서는 학교뿐만 아니라 가정에서 부모님의 역할도 정말 중요합니다. 아이가 궁금해하는 것은 가정에서 대화를 통해 해결해야 하고, 아이가 성을 부끄러워하거나 꺼리지 않도록 하는 것이 중요합니다.

이성친구와 사귀기로 했다는데
그냥 놔둬도 될까요?

매년 한 반에서 1~2커플은 공식적으로 사귑니다. 요즘 아이들은 대부분 휴대폰이 있으니 SNS로 고백하기도 하고, 편지나 쪽지와 함께 초콜릿 등을 선물하며 전통적인 방식으로 마음을 전하기도 합니다. 교사 입장에서는 귀엽고 신기해 보이지만 부모님이 보시기에는 걱정되고 놀라실 수 있습니다. 하지만 괜찮습니다. 본인의 할 일을 다 하면서 건전한 친구로 사귀는 것은 전혀 문제되지 않습니다. 다만 이성친구에 너무 빠져서 할 일을 소홀히 하거나 놀러만 다니면 곤란합니다. 이성교제를 통해 서로 긍정적인 영향을 주고받으며 윈윈win-win할 수 있는 관계로 발전하도록 해야 합니다.

<mark>가장 먼저 아이의 마음과 감정 상태를 확인하세요.</mark> 간혹 아이들 중에는 분위기에 휩싸여서 사귀거나 거절하지 못해서 어쩔 수 없

이 사귀는 경우도 있습니다. 그럴 때는 "너도 시우가 좋아? 어떤 점이 가장 좋은데?", "하율이랑 이야기하면 재미있어?", "지윤이랑 함께 있으면 편해?"라고 물어보세요. 그리고 항상 이성친구에게 본인의 마음과 감정을 솔직하게 표현할 수 있도록 강조하시기 바랍니다.

아이들에게 이성교제가 나쁜 것이 아니라는 것을 느낄 수 있도록 해줘야 합니다. "좋은 친구를 잘 만나고 있구나"라고 격려하시기 바랍니다. 가끔 이성친구를 자연스럽게 집으로 초대해서 맛있는 음식을 함께 먹으며 대화하는 것도 좋습니다. 사귀는 것 자체가 나쁜 행동은 아니기 때문에 부모님이 과도하게 개입하거나 지나치게 관심을 갖는 것은 오히려 역효과가 날 수 있습니다.

이성교제를 인정해주고 예쁘게 만날 수 있도록 응원해줍니다. 다만 고학년들의 경우 성적인 부분에 관심이 많으므로 보다 신경 써서 아이의 말과 행동에 주의하며 지켜봅니다. 직접 물어보는 것보다는 아이가 자연스럽게 먼저 이야기를 꺼낼 수 있도록 이성친구의 선물을 함께 고르거나 상대의 취향에 대한 이야기를 나눕니다. 또한 성교육도 병행하며 아이 스스로 건전하고 발전적인 이성관계를 유지할 수 있도록 교육합니다. 특히 ==사귄다고 신체 접촉을 하거나 신체 사진을 보내주는 것은 안 된다==는 점을 명확하게 알려주셔야 합니다.

가능하다면 부모님과 아이, 이성친구가 함께 집 근처 놀이공원에 가는 등 다양한 체험을 하며, 이성친구에 대해 파악하고 스스럼

없이 대하며 신뢰를 보내주는 것도 좋은 방법입니다. 만남과 헤어짐은 반복될 수 있다는 점도 이야기해줍니다. 지금은 한없이 좋고 절실하게 그립지만 시간이 지나면 사람의 마음이 변할 수도 있음을, 그것이 잘못됐거나 틀린 것이 아니라는 점도 이야기해줍니다. 아이들은 지금 당장의 만남이 좋지만 헤어짐을 예상하지 못하고 이별을 받아들일 준비가 되어 있지 않은 경우가 많습니다.

부모님들도 학창 시절 이성친구를 사귀고 헤어지는 과정에서 조금씩 성장하셨듯이 아이들도 마찬가지입니다. 너무 진지하거나 심각하게 받아들이지 마시고, 예쁘게 사귀고 서로에게 도움이 되는 관계로 발전할 수 있도록 도와주시기 바랍니다.

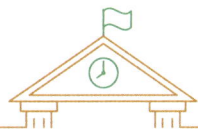

아이가 친구들과 어울리다 성에 관련된 욕설을 했어요

먼저 구체적으로 어떤 욕을 했는지 파악합니다. 아이들의 경우 지난 일을 정확하게 기억하지 못하므로 글로 써보도록 하는 것이 좋습니다. 그리고 그 말의 뜻을 알고 사용했는지 묻습니다. 만약 성과 관련된 욕설의 의미를 알고 사용했다면, 왜 그랬는지 묻고 무슨 뜻인지 모르고 사용했다면 잘못되었다는 것을 알려줍니다.

대부분 아이들은 정확한 의미를 모르지만 영화나 드라마에서 봤거나 형이나 언니가 사용한 욕을 흉내 내서 쓰는 경우가 많습니다. 그럴 경우 그 뜻을 정확하게 알려주고 다시 사용하지 않도록 주의를 줍니다. "네가 그런 욕을 하면 친구들은 너를 안 좋게 생각할 거야", "그런 욕을 하면 전혀 멋있지 않고 이상하게 느껴져"라고 이야기해줍니다.

요즘 아이들은 욕을 많이 합니다. 거기에는 집단 심리도 있어서 다른 아이들에게 강하게 보이고 싶거나, 그 집단에서 주도권을 갖기 위해 과도하게 사용하는 경우가 있습니다. 그럴 때는 예쁘게 웃고 바른 말을 많이 사용하도록 권합니다.

아이가 본인이 한 욕설이 잘못되었다는 것을 스스로 인지하고 다시 사용하지 않겠다고 느낄 수 있어야 합니다. 결코 멋있는 행동이 아니며, 창피하고 부끄러운 말이라는 것도 강조해야 합니다. 가정에서 부모님이 평소 욕설을 사용하지 않으며 모범을 보이는 것도 당연히 전제되어야 합니다. 부모님이 요즘 우리 아이가 어떤 책을 읽고, 무엇에 관심을 갖고 있는지, 주로 누구와 함께 노는지 등도 파악하고 있어야 합니다.

Chapter 6

담임 선생님 질문:

가깝지만
거리가 필요합니다

싫은 아이와 같은 반이 되지 않도록 부탁해도 될까요?

네, 부탁해도 됩니다. 하지만 타당한 이유가 있어야 합니다. 단순하고 막연하게 "우리 아이가 주빈이를 싫어해요", "우리 아이가 한솔이랑 많이 싸운대요" 등의 이유로 부탁하면 안 됩니다.

보통 반 편성은 2학기 말 같은 학년의 선생님들이 모여 협의 후 결정합니다. 반 편성이 완성되면 다시 한번 각 반의 아이들을 살펴보며 혹시 문제가 없는지, 아이들이 조화롭게 구성되어 있는지를 최종 검토합니다. 그때 선생님들이 알아서 문제가 있거나 갈등이 잦은 아이들을 다른 반으로 편성합니다. 하지만 담임 선생님이 아이들의 세세한 친구관계까지 전부 파악하지 못할 수도 있습니다. 그럴 때 부모님이 연락을 해서 말씀해주시면 그 요청을 무시할 초등교사는 없습니다. 예를 들어, 학교폭력의 가해자와 피해자이거나 심각한 문제가 있을 경우, 괴롭힘의 상대였던 경우 등 타당한 이유가 있을 때에는 담임 선생님이 수용해서 다른 반으로 편성해 줄 것입니다.

부모님 입장에서 '혹시 이런 부탁이 무례하지는 않을까? 선생님이 우리 아이를 오해하시는 건 아닐까'라고 생각해서 참고 표현하지 않으면, 오히려 나중에 더 큰 문제를 야기할 수 있습니다. 그러면 아이는 내년 1년의 학교생활을 망칠 뿐만 아니라 힘들고 고통스러운 나날을 보낼 수 있습니다. 평소 아이와 대화를 많이 해서 교우관계를 잘 파악하고 계셨다가 문제가 심각할 경우에는 미리 2학기 말 담임 선생님에게 상담을 요청해서 구체적으로 말씀하시기 바랍니다. 지나친 요구가 아니라 아이의 원만한 학교생활을 위해 충분히 이야기할 수 있는 부분입니다. 그리고 그 요구가 타당하다면 충분히 받아들여질 것입니다.

담임 선생님께 이야기했는데도 같은 반으로 편성될 수도 있습니다. 그것은 어쩔 수 없습니다. 따라서 ==아이에게 마음에 들지 않는 친구를 상대하는 법도 가르쳐주셔야 합니다.== 신경 쓰지 말고 무시하는 방법을 알려줍니다. '피할 수 없으면 즐겨라'라는 말처럼 아이에게는 너무 신경 쓰지 말고 다른 친구들과 놀도록 합니다. 새로운 담임 선생님에게는 그 아이와 관계된 내용들을 자세하게 설명하시는 것이 좋습니다. 학급 친구가 모두 친하고 마음에 들 수는 없습니다. 불가피하게 같은 반이 되었다면 그 상황을 슬기롭게 이겨내는 것도 아이가 한 걸음 성장하는 계기가 될 것입니다.

담임 선생님이 너무 마음에 안 들어서
다른 반으로 옮기고 싶어요

담임 선생님이 너무 마음에 안 들어서 다른 반으로 옮기고 싶다고 학교에 연락하면 안 됩니다. 한번 결정된 담임 선생님과 학급은 부득이한 사정이 아니면 변경되지 않습니다. 즉, 명백하고 뚜렷한 이유가 있지 않는 한 학기 중 담임 교사의 교체는 불가능합니다. 또 대학교처럼 학생들이 과목을 수강 신청하는 것도 아니기 때문에 담임 선생님을 선택하는 것도 안 됩니다.

간혹 학기 초에 선생님의 성별이 마음에 들지 않는다고 담임 교체를 요구하는 경우가 있습니다. 저도 재작년 학기 초에 한 학부모의 전화를 받은 적이 있습니다. 여자아이의 아버지였는데, "우리 지수가 남자 담임 선생님은 무섭다고 여자 담임 선생님을 원하는데 혹시 다른 반으로 옮겨 주실 수 있나요?"라는 문의를 하셨습니다. 다른 반에서는 여자 선생님이 담임 교사인 반면, 자신의 담임 교사는 남자 선생님이어서 아이 입장에서는 부담스럽고 무서웠던 모양입니다. 하지만 그런 식으로 반을 옮길 수는 없습니다. 정중하게 그럴 수 없다는 점을 이야기하고, 그 아이의 특징과 생활 지도 시 유의점 등에 대하여 아버지와 상담을 하며 전화를 끊었습니다.

학교생활을 하다 보면 우리 아이의 담임 선생님이 마음에 안 들 수도 있습니다. 그렇게 된 배경에는 대부분 아이의 이야기를 듣고 부모님에게 담임 선생님에 대한 부정적인 인식이 형성된 탓이 있습니다. 아이의 이야기가 전적으로 맞을 수 있지만, 사람은 누구나 자신의 입장에서 이야기합니다. 아이는 교사 한 명을 상대하지만 교사는 25명 정도의 많은 아이들을 대상으로 교육합니다. 따라서 아이의 이야기뿐만 아니라 교사의 이야기도 들어보셔야 합니다. 즉, 부모님이 먼저 대화로 문제를 해결할 수 있도록 노력해야 합니다. 가장 먼저 담임 선생님과 이야기를 해서 어떤 점에서 아쉬움을 느끼며 불만스러운지, 어떻게 해결하면 좋겠는지를 솔직하게 이야기합니다. 그것이 오해일 경우 충분한 대화로 해결될 수 있습니다. 만약 담임 선생님과 이야기를 나눴는데도 해결될 수 없는 심각한 문제라면 그 이후에 절차를 밟아서 학교에 이야기해야 합니다.

학교에 있다 보면 담임 선생님에 대한 불만과 민원을 바로 교장실이나 교육청에 이야기하는 경우가 있습니다. 담임 선생님 입장에서는 그런 이야기를 뒤늦게 학교의 관리자나 교육청을 통해 듣게 됩니다. 분명 선생님의 입장에서도 할 이야기가 있고 사정이 있을 수 있는데, 절차를 무시하고 접근하게 되면 오히려 문제 해결이 어려울 수도 있습니다. 따라서 담임 선생님과의 대화를 통해 서로 충분히 이야기를 나누고, 어떻게 해결 방안을 모색할지 함께 고민해야 합니다.

간혹 담임 선생님이 학기 중에 교체되는 경우도 있습니다. 담임 선생님이 아파서 병가를 냈거나 개인 사정으로 휴직을 한 경우, 범죄에 연루된 경우는 기간제 선생님을 구하거나 다른 전담 선생님이 담임을 맡기도 합니다. 하지만 이런 경우는 극히 드뭅니다. 그 외에 담임 선생님이 마음에 들지 않아서 반을 옮기는 경우는 없습니다.

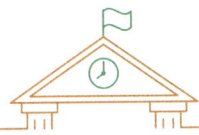

담임 교사 배정은 어떻게 하나요?

 초등학교 담임 선생님의 배정 방법은 학교마다 조금씩 다를 수 있습니다. 일반적으로 2학기 말 겨울방학이 시작되기 직전에 기존 선생님들은 교감 선생님에게 본인이 내년에 희망하는 학년을 1지망, 2지망, 3지망까지 써서 제출합니다. 담임을 희망하지 않고 전담교사를 희망하는 경우에도 따로 작성하여 냅니다.

 보통 선생님들이 가장 선호하는 학년은 중학년입니다. 즉, 2~4학년을 좋아합니다. 수업 시수도 많지 않고, 아이들도 선생님의 말귀를 알아듣기 때문입니다. 1학년 담임 교사로는 경력이 풍부한 여자 선생님들이 맡는 경우가 대부분이고 남자 선생님들이 맡는 경우는 적습니다. 가장 기피하는 학년은 6학년인 경우가 많습니다. 고학년은 기본적으로 수업 시수가 많은데다 특히 6학년은 학교에서 가장 고학년이기 때문에 본인들이 다 컸다고 생각해서 말도 잘 안 듣고 사춘기가 온 아이들이 많아서 반항하는 경우도 많습니다. 요즘은 담임을 맡지 않고 영어나 체육, 미술 등의 전담교사를 희망하는 경우도 많습니다.

학기 말에 선생님들이 3지망까지 내년에 희망하는 학년을 써서 제출할 때 함께 제출하는 항목이 있습니다. 바로 본인이 희망하는 업무를 써서 내는 것입니다. 많은 학부모님들이 이 부분을 잘 모르시는 경우가 있습니다. 교사들은 몇 학년 담임을 맡느냐는 것뿐만 아니라 어떤 업무를 담당하는지도 상당히 중요하게 생각합니다. 예를 들어, 교사들이 담당하는 업무로는 체육, 상담, 연구, 생활, 평가, 환경, 정보, 진로, 인성 교육 등 아주 다양하게 있습니다. 겨울 방학 직전에 희망 학년과 함께 희망 업무를 작성해서 제출하는데, 구체적으로 본인의 교육 경력이 몇 년인지, 1정 교사인지 2정 교사인지, 내년에 부장교사를 희망하는지 등도 자세히 기록하게 됩니다. 선생님들의 의견을 전부 모아서 겨울방학 중에 내년 부장교사를 먼저 확정합니다. 즉, 각 학년 부장교사는 누가 할 것이며, 학년부장 외에 앞서 언급한 업무와 관련되는 부장늘(교무부장, 연구부장, 체육부장, 생활안전부장 등)은 누가 할지를 정합니다. 보통 교감 선생님이 이 업무 배분을 주도하고, 교장 선생님과 협의 과정을 거치게 됩니다. 부장교사들이 정해지면 교감 선생님 주관하에 각 부장교사들이 방학 때 모여서 회의를 합니다.

이 회의에서 선생님들이 이미 작성한 희망 학년을 가장 중요하게 고려해서 각 학년 담임들을 배정합니다. 그런데 만약 6학년에 5반까지 있는데 희망 선생님이 2명밖에 없고 2학년도 5반까지 있는데, 희망 선생님이 7명이 있는 상황을 가정해보죠. 당연히 조정 과정을 거쳐야 합니다. 조정할 때는 여러 가지 점을 고려합니다. 보통 교육 경력, 나이, 성별 등을 고려해서 가능하면 한 학년에 다양한 경력과 개성을 가진 선생님들이 배치될 수 있도록 합니다. 최종적으로 교감 선생님과 교장 선생님이 검토해서 학년 담임 선생님들이 바뀌는 경우도 있습니다. 관리자들이 학교 경영의 전반적인 책임을 맡고 있으니 충분히 조정할 수 있는 부분입니다.

그 후 개학하기 전 방학 중에 학교의 모든 선생님들이 출근을 할 때 교감 선생님이 새로운 학기의 담임 선생님과 업무를 함께 발표합니다. 이때 본인이 희망하는 학년과 업무가 그대로 반영될 수도 있고, 전혀 새로운 학년과 업무를 맡게 될 수도 있습니다. 이 결정에, 특히 담임 교사보다는 담당 업무에 이의를 제기하는 경우도 있지만 쉽게 바뀌지는 않습니다.

같은 학년 선생님들의 경우, 1반 부장교사가 경력이 풍부한 여자 교사이면 2반은 경력이 많지 않은 남자 교사, 3반은 다시 경력이 중간 정도의 여자 교사, 4반은 경력이 풍부한 남자 교사 등으로 가능하면 골고루 배치하는 편입니다.

아이 반 배정은
어떻게 하나요?

　예전 국민학교를 비롯해 초등학교에서도 얼마 전까지는 성적으로 아이들 반 편성을 했습니다. 기말고사가 있을 때는 기말고사 성적에 따라서 남자와 여자를 성적순으로 명단을 뽑고, 남자 1등은 1반, 2등은 2반, 3등은 3반 등의 순이었습니다. 모든 반을 그렇게 하면 1반에 공부를 잘 하는 아이들이 몰리니까 2반은 1등을 2반부터 배치하고, 3반은 1등을 3반부터 배치하면서 ㄹ자 형태로 배치했습니다. 그리고 여자 1등은 5반, 여자 2등은 4반 순서로 섞는 것입니다. 이렇게 성적에 따라 반 배치를 하면 깔끔합니다. 그런데 요즘에는 초등학교에서 일제고사, 즉 중간고사와 기말고사가 폐지되었고, 수행평가를 실시합니다. 수행평가는 말 그대로 그 과목의 중요 내용들에 대한 학생의 수행 정도를 평가하는 것이라 등수를

| 예전 반 편성 |

올해 학년-반				
4-1	4-2	4-3	4-4	4-5
남자 1등	남자 1등	남자 1등	남자 1등	남자 1등
남자 2등	남자 2등	남자 2등	남자 2등	남자 2등
남자 3등	남자 3등	남자 3등	남자 3등	남자 3등
남자 4등	남자 4등	남자 4등	남자 4등	남자 4등
남자 5등	남자 5등	남자 5등	남자 5등	남자 5등
여자 1등	여자 1등	여자 1등	여자 1등	여자 1등
여자 2등	여자 2등	여자 2등	여자 2등	여자 2등
여자 3등	여자 3등	여자 3등	여자 3등	여자 3등
여자 4등	여자 4등	여자 4등	여자 4등	여자 4등
여자 5등	여자 5등	여자 5등	여자 5등	여자 5등

내년 학년-반				
5-1	5-2	5-3	5-4	5-5
남자 4-1 1등	남자 4-1 2등	남자 4-1 3등	남자 4-1 4등	남자 4-1 5등
남자 4-2 5등	남자 4-2 1등	남자 4-2 2등	남자 4-2 3등	남자 4-2 4등
남자 4-3 4등	남자 4-3 5등	남자 4-3 1등	남자 4-3 2등	남자 4-3 3등
남자 4-4 3등	남자 4-4 4등	남자 4-4 5등	남자 4-4 1등	남자 4-4 2등
남자 4-5 2등	남자 4-5 3등	남자 4-5 4등	남자 4-5 5등	남자 4-5 1등
여자 4-1 5등	여자 4-1 4등	여자 4-1 3등	여자 4-1 2등	여자 4-1 1등
여자 4-2 4등	여자 4-2 3등	여자 4-2 2등	여자 4-2 1등	여자 4-2 5등
여자 4-3 3등	여자 4-3 2등	여자 4-3 1등	여자 4-3 5등	여자 4-3 4등
여자 4-4 2등	여자 4-4 1등	여자 4-4 5등	여자 4-4 4등	여자 4-4 3등
여자 4-5 1등	여자 4-5 5등	여자 4-5 4등	여자 4-5 3등	여자 4-5 2등

산출하기 어렵습니다. 일제고사를 폐지하고 성장중심평가·수행평가를 활성화시킨 이유가 학생들의 지나친 서열화를 막자는 것인데

수행평가 성적으로 반 편성을 하는 것도 모순됩니다.

요즘에는 학생들의 반 편성을 어떻게 할까요? 교육부에서 통일된 지침을 내려서 전국 모든 초등학교가 똑같은 것이 아니라 지역마다 학교마다 다릅니다. 크게 3가지 방법이 있습니다.

첫째, 학생들의 이름순, 즉 가나다 순으로 반 편성을 한다

먼저 남학생 이름이 빠른 순서부터 쭉 나열합니다. 여학생 역시 이름순으로 학생들을 나열합니다. 그 후에 만약 제가 1학년 1반 담임 교사라면 1명씩 2학년 1반부터 순서대로 배치하는 것입니다. 그리고 2반 역시 학생들의 이름을 가나다 순으로 나열해서 배치하는데 2반은 가장 이름이 빠른 사람을 2반부터 배치하는 식입니다. 모든 반에서 1반에 가나다 이름이 빠른 사람을 배치하면 1반에는 성이 "가"씨인 학생들이 모여 있게 될 것이기 때문입니다. 여학생 역시 가나다 순으로 나열한 후 1반의 경우에는 5반부터 역순으로 배치하거나 1반부터 순서대로 배치합니다.

둘째, 학생들의 생년월일에 따라 배치한다

가나다 순과 마찬가지로 교사는 본인 반의 남자아이들의 생일이 빠른 순서대로 나열하고, 1명씩 1반부터 배치합니다. 여자 역시 마찬가지 방법입니다.

| 요즘 반 편성 |

올해 학년-반					
	1-1	1-2	1-3	1-4	1-5
남	가은식 김도훈 남준수 박강민 박재현	고한솔 김민수 김예성 박규민 박정현	김근후 박상현 박우빈 성현종 송치훈	구민성 김동현 김범수 문준우 박성현	강성민 김동훈 김민찬 박시윤 박준서
여	김은서 김주리 박가인 박소정 송승연	김민정 김예지 박세인 양다은 윤사라	권주혜 김하연 박소율 심지민 유서영	강정연 김라운 김승아 문은빈 박성연	강세미 김소진 김재경 나경미 신다연

내년 학년-반					
	2-1	2-2	2-3	2-4	2-5
남	가은식(1-1) 박정현(1-2) 성현종(1-3) 김범수(1-4) 김동훈(1-5)	김도훈(1-1) 고한솔(1-2) 송치훈(1-3) 문준우(1-4) 김민찬(1-5)	남준수(1-1) 김민수(1-2) 김근후(1-3) 박성현(1-4) 박시윤(1-5)	박강민(1-1) 김예성(1-2) 박상현(1-3) 구민성(1-4) 박준서(1-5)	박재현(1-1) 박규민(1-2) 박우빈(1-3) 김동현(1-4) 강성민(1-5)
여	송승연(1-1) 양다은(1-2) 박소율(1-3) 김라운(1-4) 강세미(1-5)	박소정(1-1) 박세인(1-2) 김하연(1-3) 강정연(1-4) 신다연(1-5)	박가인(1-1) 김예지(1-2) 권주혜(1-3) 박성연(1-4) 나경미(1-5)	김주리(1-1) 김민정(1-2) 유서영(1-3) 문은빈(1-4) 김재경(1-5)	김은서(1-1) 윤사라(1-2) 심지민(1-3) 김승아(1-4) 김소진(1-5)

셋째, 기존 담임 교사가 자율적으로 배분한다

기존 담임 교사가 자율성을 가지고, 즉 아이의 성적이나 평소 생활 태도, 성별 등을 종합적으로 고려해서 임의로 배분하는 방식입니다. 한 학년에 6반까지 있고 한 반에 24명의 학생들이 남자 12명과 여자 12명이 있다고 한다면, 각 반마다 4명, 즉 남자 2명, 여자 2명씩을 보내면 되는데 교사가 본인의 기준으로 4명씩 배치하는 것입니다.

여기서 끝이 아니라, 앞서 이야기한 3가지 방식으로 반 편성이 1차적으로 정리되었으면 같은 학년의 선생님들이 함께 모여 각 반에서 편성한 것을 종합적으로 검토합니다. 어느 특정한 반에 소위 문제가 있고 말썽을 일으키는 학생들이 지나치게 모여 있지 않은지 살펴본 후에 만약 그렇다면 적절하게 나눕니다. 공부를 잘하고 소위 모범생인 학생들도 남녀 골고루 분포되어 있는지 확인하고 조정 과정을 꼭 거칩니다. 이러한 반 편성은 겨울방학 시작 직전이나 겨울방학 중에 선생님들이 모두 출근해서 확정하고, 각 반마다 학생명부를 만듭니다. 이때 고려하는 점이 몇 가지 있습니다. 쌍둥이들의 경우 학부모의 요구에 따라 같은 반이나 다른 반으로 배치하는 등 가급적 학부모의 의사를 반영합니다. 심각한 학교폭력의 가해 학생과 피해 학생도 다른 반으로 배치하는 편입니다.

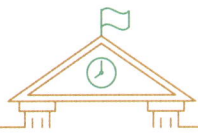

선생님께 문자를 드렸는데
아무 답변이 없을 때는 어떡해야 할까요?

기다리셔야 합니다.

요즘 선생님들은 개인 사생활 보호를 위해 투넘버 휴대폰을 사용하는 분들도 많습니다. 부모님의 연락을 무시하는 것이 아니라 정말 못 볼 수도 있습니다. 그러면 다음 날 근무 시간까지 기다리셔야 합니다. 다음날 다시 문자를 보냈는데도 연락이 없으면 그때 전화를 하셔도 됩니다.

혹시 아이가 다쳤다거나 위급한 상황의 경우에는 문자로 연락한 후에 바로 전화를 해도 됩니다. 선생님에게 문자를 보내기 전에 어느 정도 급한 것인지, 즉 보낼 문자의 경중輕重을 생각해보셔야 합니다. 간혹 교사들 중에는 중요하지 않은 부분은 나중에 답할 수도 있습니다.

답장이 필요 없다고 판단할 경우에는 담임 선생님이 문자 내용을 확인했지만 답장을 안 할 수도 있습니다. 부모님들이 자주 보내는 문자로 "오늘 집에 일이 있으니 우리 아이에게 방과후 학교에 가지 말고 바로 귀가해달라고 전해주세요"라는 경우가 있습니다. 어느 교사든지 이 문자를 보면 바로 아이에게 전달합니다. 하지만 부모님에게 답장하는 것은 깜박할 수도 있습니다.

선생님의 성향이나 스타일에 따라 학부모님과 문자로 자주 소통하는 분도 있고, 그렇지 않은 분도 있습니다. 그것은 틀린 게 아니라 다른 것이니 우리 아이의 담임 선생님 스타일을 파악해서 대응하시면 됩니다. 그렇기에 선생님의 답변이 없거나 느린 것을 너무 심각하게 받아들이실 필요는 없습니다. 대부분 초등학교에서는 "Cool Messenger"라는 학교용 메신저를 사용합니다. 하루에도 컴퓨터의 쿨 메신저를 통해 동료 교사와 관리자, 행정실에서 수십 개의 메시지가 옵니다. 그래서 휴대폰 문자 메시지에 답이 없거나 느릴 수 있다는 점을 이해해주시기 바랍니다.

사립초등학교의 장점은 무엇인가요?

코로나19로 인하여 2021학년도 사립초등학교 입학 경쟁률이 무척 높았다는 뉴스가 있습니다. 예년에는 보통 2 대 1, 높으면 5 대 1 정도의 경쟁률이었는데 2020년 말에는 10 대 1의 경쟁률을 넘긴 곳도 많았다고 합니다. 예전에는 오직 한 학교에만 지원할 수 있었지만, '언택트(untact: 비대면)' 방식인 전산 추첨으로 복수 지원이 가능했다는 점도 경쟁률 상승에 일조했을 것입니다.

코로나19 상황에서 많은 사립초등학교가 실시간 화상 수업을 하며, 학부모들의 요구에 능동적으로 대응했다는 점은 인정해야 합니다. 즉, 학교와 교사들의 피드백이 빠른 편입니다. 학부모 공개 수업 역시 일반 공립초등학교는 학기당 한 번 정도씩인데 비해 사립초등학교는 그보다 많은 편입니다. 비율의 차이가 있겠지만 학업에 관심이 많은 학부모들이 상대적으로 많습니다. 그러다 보니 학부모 커뮤니티를 통해 희망하는 아이들을 모아서 주말이나 방학 기간에 다양한 체험을 한다거나 경험할 수 있는 기회가 많습니다. 학교에서 진행하는 체험학습도 공립초등학교보다 폭넓고 다채롭게 운영됩니다. 학부모의 비용 부담이 있지만 계절마다 수영 교육, 스키캠프, 체험학습 등이 이루어지고, 고학년들은 해외로 문화 체험을 떠나기도 합니다.

 학교에서도 부모 교육에 관심을 쏟습니다. 공립초등학교의 경우 학부모들과 함께할 수 있는 프로그램이 전무합니다. 기껏해야 1년에 1번 운동회나 학부모 총회가 열리는 정도입니다. 반면, 학교마다 다르지만 사립초등학교의 경우에는 아버지 학교, 학부모 중창단, 학부모와 함께하는 벼룩시장 장터 등 특색 활동으로 다양한 프로그램을 운영하는 곳이 많습니다.

 외국어 교육도 사립초등학교의 장점입니다. 기본적으로 공립초등학교에는 원어민 보조교사가 보통 한 명 있습니다. 사립초등학교의 경우 원어민 교사의 숫자가 많고, 영어뿐만 아니라 중국어, 일본어 등 제2외국어까지 교육하는 곳이 많습니다. 초등교육과정상 3학년부터 영어를 배우고, 1~2학년에서는 방과후 교육으로 영어 교육이 가능합니다. 사립초등학교의 경우 1~2학년부터 방과후 교육을 이용해서 영어 교육을 집중적으로 시키는 학교가 많습니다.

 끝으로 학부모나 자녀의 인적 네트워크 구성에도 어느 정도 도움이 됩니다. 아무래도 사립초등학교는 연간 1,000만 원 이상의 학비 부담이 있기 때문에 학부모 다수가 사회적·경제적으로 안정된 경우가 많습니다. 사립초등학교 학부모간 커뮤니티와 모임이 활성화된 곳이 많기 때문에, 부모와 아이에게 학교에 다닐 때뿐만 아니라 졸업 이후에도 도움이 될 것으로 판단할 수 있습니다.

 사립초등학교의 경우 학년마다 정원이 정해져 있기 때문에 희망한다고 전학할 수 없습니다. 해당 학년에 결원이 생겨야 전학이 가능하며, 사전에 학교로 연락하여 전학 가능 여부를 반드시 확인해야 합니다.

혁신 초등학교와
일반 공립초등학교의 차이는 무엇인가요?

최근 혁신학교에 대한 논란이 많습니다. 잘 알아보지 않은 채 무턱대고 혁신학교를 반대하거나 옹호하는 분들도 있습니다. 일단 혁신학교는 크게 4가지 특성이 있습니다. 민주성, 윤리성, 전문성, 창의성이 그것입니다.

첫째, 민주성과 관련하여 "민주적 학교운영 체제"를 지향합니다

비전 공유와 책무성, 교육활동 중심의 학교 시스템, 리더십과 역동적 학교 문화, 지역사회 학교 구축입니다.

둘째, 윤리성과 관련하여 "윤리적 생활 공동체"를 지향합니다

존중과 배려의 교실 문화, 안전한 학교 만들기, 민주시민교육입니다.

셋째, 전문성과 관련하여 "전문적 학습공동체"를 지향합니다

학교 조직의 학습조직화, 교육과정의 공동 연구·실천, 수업 개방과 성찰입니다.

넷째, 창의성과 관련하여 "창의적 교육과정"을 지향합니다

교육과정 정상화·다양화, 학생 중심의 수업, 교육과정 운영의 책무성입니다.

설명이 다소 어렵고 직접 와닿지 않죠?

혁신학교는 2009년 김상곤 전 교육부장관이 경기도 교육감 시절에 도입한 것으로, 강의 중심이 아닌 체험과 토론을 강조합니다. '창의 인성 교육'을 지향하며, 교실 밖 체험과 교과서 이외의 다양한 텍스트를 재구성하여 수업하려고 노력합니다. 현실적으로는 혁신학교에서도 주로 교실에서 수업이 이루어지며, 교과서를 위주로 공부합니다. 하지만 지향점이 '학업'보다는 '창의 인성'이다 보니 일부 학부모들은 '혁신학교에서는 가르치는 게 없다', '교사만 편한 곳이다'라며 거부감을 보이기도 합니다.

사실 중학교와 고등학교에서는 교육 현실상 대학입시를 위해 공부를 시켜야 합니다. 반면, 대입 준비에서 비교적 자유로운 초등학교의 경우 혁신학교가 아이들 입장에서 장점이 많습니다. 혁신학교는 기본적으로 재미있는 수업과 학생들이 주도해서 참여하는 수업을 지향합니다. 모둠 중심으로 수업을 진행하며 도서관에서 수업을 운영하거나 마을과 연계한 프로젝트 수업을 실시하며, 한 수업에 협력 교사를 활용하여 2명의 교사가 수업하기도 합니다.

초등학교의 경우 혁신학교를 다니는 것이 아이들 입장에서는 재미있을 뿐만 아니라 다양한 경험을 할 수 있고 전인적인 성장에 도움이 됩니다. 교과서를 중심으로 교사가 강의식으로 수업하는 것이 아니라 토론 수업을 지향하며, 다양한 체험 활동과 학생 중심 활동을 많이 합니다.

사실 교사 입장에서는 혁신학교 근무를 기피하는 경우가 많습니다. 혁신 초등학교는 교육과정을 재구성하고, 교사간 소모임도 많으며, 교사 및 학생들과 토론도 많이 해야 하는 등 기존과는 다른 방식의 수업을 해야 합니다. 그 점이 교사에게는 큰 부담으로 다가옵니다. 반면, 학부모와 아이들 입장에서는 충분히 매력적이고 장점이 많습니다. 굳이 다른 사람들의 이야기를 듣고 혁신 초등학교에 부정적인 선입견을 가질 필요는 없습니다. 주변에 혁신 초등학교가 있다면 학부모님이 직접 찾아가서 학교 관계자와 이야기를 나눠보고, 충분히 고민해서 아이의 진학 여부를 결정하시면 됩니다.

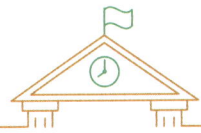

선생님 눈에 예뻐 보이는
아이들의 특징은 무엇인가요?

초등교사는 반에 있는 모든 아이들이 예쁘고 사랑스러울까요?

아닙니다. 물론 모든 아이들 각자가 귀한 존재이며, 선생님이 학생들을 편애하면 안 되고 그 생각을 표현하면 안 되지만 내심 교사의 눈에 유독 더 예뻐 보이는 아이들이 있습니다.

초등교사는 일부 예체능 과목의 전담 시간을 제외하고 모든 과목을 직접 가르칩니다. 쉬는 시간에도 교실에 있고, 점심 급식도 아이들과 함께 먹습니다. 아이들이 수업 시간에 어떻게 참여하는지, 쉬는 시간에는 주로 누구와 무엇을 하며 노는지 등을 자세하게 알 수 있습니다. 아이들을 유심히 보고 있으면 '저 아이는 참 하는 행동이 예쁘다, 저 아이는 저렇게 자라면 나중에 잘되겠구나'라는 생각이 듭니다. 또는 '저 아이는 커서 무엇이 되려고 하지? 참 걱정스럽네'라는 생각이 드는 경우도 많습니다. 선생님의 눈에 예뻐 보이는 아이라고 해서 단순히 외모가 예쁜 학생이 아닙니다. 크게 3가지 유형의 아이들이 있습니다.

첫째, 성실한 학생

공부를 잘하지 못하더라도 늘 열심히 하는 학생, 무엇을 시키면 끝까지 해내고 묵묵히 본인의 할 일을 잘하는 학생입니다. 요즘 학교에는 1인 1역이라는 제도가 있습니다. 각자 아이들에게 한 가지 역할을 부여하는 것입니다. 1인 1역의 일을 할 때 교사가 꼭 시키지 않아도 평소 알아서 본인의 역할을 잘하는 아이들이 있습니다. 또 자기 일을 스스로 알아서 하는 아이들이 있습니다. 이런 아이들은 숙제를 매번 잘해오고, 준비물도 안 가져오는 경우가 거의 없습니다. 그렇게 성실한 아이들은 교사가 믿을 수 있을 뿐만 아니라 조금 부족해도 지켜보면서 잘할 수 있도록 지원하고 싶은 마음이 듭니다.

둘째, 예의 바른 학생

요즘 아이들은 인사를 잘하지 않습니다. 특히 아이들 입장에서는 학교 안에서 만나는 어른들은 대부분 교사일 텐데 담임 선생님이나 동학년 선생님이 아니면 빤히 쳐다보거나 아예 고개를 돌리는 경우도 많습니다. 요즘에는 자녀의 수가 1~2명으로 적다 보니 귀하게 자라서 버릇이 없는 경우가 많습니다. 대부분의 아이들이 그런 태도를 보이는 와중에 예의 바른 아이들은 더욱 차별화가 됩니다. 선생님에게 큰 소리로 인사하며, 친구들에게도 인사를 잘하고 예의 바른 아이들은 몸에 예의범절이 배어 있는 경우가 많습니다. 그런 아이들은 참 예뻐 보입니다.

셋째, 남을 배려하는 학생

아이들마다 부족하거나 싫어하는 활동이 있습니다. 미술을 싫어하는 아이가 있고, 수학 문제 푸는 것을 어려워하는 경우도 있으며, 리코더나 오카리나 부는 것을 어려워하는 아이도 있습니다. 다른 아이가 리코더를 못 불면 그것을 차근차근 가르쳐주면서 도와주는 아이가 있습니다. 미술에서 만들기를 할 때도 본인 것을 다 만들고, 다른 친구 것을 함께 만들어주는 경우도 있습니다. 오카리나도 모둠별로 합주를 시키면 본인은 잘 부는데 다른 부족한 아이들의 보조를 맞추기 위해 일부러 천천히 부는 아이들이 있습니다. 이렇게 남을 배려하는 아이들을 보면 참 예쁩니다.

부모님들에게 꼭 추천하고 싶은 책이 있나요?

저는 제 '유튜브 채널(해피이선생)'에서 2주에 한 번 정도 교육 관련 책의 리뷰를 합니다. 리뷰를 위해 저도 책을 많이 읽게 되고, 제 영상을 찾아보는 구독자 분들에게도 좋은 책을 꾸준하게 소개한다는 장점이 있습니다. 지금까지 약 50권 정도의 책을 리뷰했는데, 그중에서 부모님들이 꼭 읽으면 좋은 책 3권을 소개합니다.

첫째, 《거실공부의 마법》(오가와 다이스케, 키스톤)

책 제목처럼 아이들이 어릴 때 거실에서 부모님과 함께 책을 보며 공부하는 것이 중요하다는 점은 저도 100% 동감합니다. 이 책에서는 그 구체적인 실천 방법으로 "도지사", 즉 도감, 지도, 사전을 활용해야 한다고 주장합니다. 이 부분은 요즘 스마트 세대에는 다소 맞지 않는 측면도 있지만, 우리가 TV를 보고 쉬는 공간으로만 생각했던 거실을 아이들의 중요한 학습 공간으로 인식을 전환했다는 점 자체만으로 큰 의미가 있습니다.

요즘처럼 스마트기기가 발달하고 학교에서도 전자책이 도입되는 세상에서 도감이 있는 집은 드뭅니다. 개인적으로 사전과 지도는 각 가정에 꼭 필요하다고 생각하고, 교육적 효과 역시 크다고 봅니다.

둘째, 《하루 15분 책읽어주기의 힘》(짐 트렐리즈, 북라인)

남녀노소 거의 모든 사람들이 독서가 아이들뿐만 아니라 성인에게도 중요하다는 점은 인정할 것입니다. 이 책에서는 유아뿐만 아니라 초등학생, 심지어 중학생들에게도 책을 읽어주는 것이 필요하다고 강조합니다. 아이의 읽기 수준과 듣기 수준이 다르기 때문입니다. 충분히 일리 있고 실천하면 도움이 될 만한 내용들이 다양하게 수록되어 있습니다.

이 책에서는 10대에게 성공적으로 책을 읽어주기 위해서 아이의 아침 식사 시간이나 간식 시간을 활용하라고 권합니다. 저자는 본인의 두 아이가 아침 식탁을 차리고 설거지를 할 때 잡지, 신문, 시집에서 뽑은 글을 읽어준다고 합니다. 꼭 책이 아니라 신문 칼럼을 읽어주는 것도 좋다고 소개합니다. 우리 아이의 상황과 실정에 맞게 적용하면 분명 도움이 될 것입니다.

셋째, 《초3보다 중요한 학년은 없습니다》(이상학, 사람in)

제 책이라서 부끄럽지만 초등 학부모님들이라면 꼭 읽어보시길 강력하게 권합니다. 사실 초등 1학년부터 6학년까지 모든 학년이 다 중요합니다. 2020년에는 코로나19로 인한 온라인 수업으로 학습격차 문제가 사회적 이슈로까지 대두되었습니다. 저는 아이들의 학습격차가 초3 때 시작되고 초5 때 심화된다고 생각합니다. 학습격차 때문에 아이들이 선행학습을 하거나 사교육을 받으라는 말이 아닙니다. <mark>지금 학년에서 배우는 수학과 영어는 확실하게 알고 넘어가야 한다는 것입니다.</mark>

학습격차 문제는 초등학교 때 현실을 정확하게 파악해서 그에 따른 조치를 취해서 해결해야 합니다. 대수롭지 않게 생각하고 그냥 중학교에 진학하게 되면 그 차이는 도저히 따라잡을 수 없게 벌어질 수도 있습니다. 따라서 부모님이 우리 아이의 학업 수준에 관심을 갖고, 학습부진으로 보충학습을 해야 하는지 학업 성취도가 높아서 심화학습을 해야 하는지 잘 판단해서 적절한 도움을 주셔야 합니다. "초등학교 때는 마음껏 놀아도 돼요!"라며 방치하시면 안 됩니다. 세상이 변했고 교육과정이 달라졌습니다.

선생님들은 어떤 부모님을
부담스러워하나요?

선생님들이 부담스러워하는 부모님으로는 크게 3가지 유형이 있습니다.

첫째, 우리 아이가 무조건 맞다는 이기적인 부모

부모님은 우리 아이가 소중하기에 아이의 말을 귀담아듣습니다. 아이가 학교에서 친구와 다퉈서 울었다거나 선생님께 혼났다고 말할 경우에는 더욱 민감하게 반응하십니다. 교사에게 전화하여 따지듯 항의하거나 교장실이나 교육청에 바로 민원을 넣는 분도 있습니다.

하루에도 아이들의 다툼과 소소한 싸움이 많이 벌어지고, 아이들은 교사에게 사소한 것까지 고자질합니다. 교사가 주관을 가지고 중요한 사안에 대해서는 진상 조사를 하고 사과를 시키는 등의 조치를 취하지만 모든 일을 그렇게 처리할 수는 없습니다. 그 과정에서 우리 아이가 섭섭하게 느꼈을 수도 있지만 좀 더 객관적인 입장에서 충분히 사실 관계를 파악하신 후 예의를 지켜서 문의해주시면 좋습니다. 똑같은 내용으로 담임 선생님에게 전화하더라도 어떻게 말하느냐에 따라 다른 분위기에서 이야기가 진행됩니다.

A 방식	"선생님, 세윤이가 부족한 점이 많아서 선생님이 평소 신경 써 주시는 거 잘 알고 있습니다. 오늘 학교에서 영민이랑 다퉜다고 하는데 혹시 우리 아이가 크게 잘못한 점은 없나요? 가정에서 철저히 교육시키겠습니다."
B 방식	"선생님, 오늘 학교에서 세윤이가 영민이랑 싸웠다는데 알고 계세요? 우리 아이가 그럴 아이가 아닌데 영민이 좀 철저하게 교육시켜주세요!"

당연히 A 방식이 더 바람직하며, 훨씬 우호적인 분위기 속에서 대화가 진행됩니다. 실력 있는 교사도 중요하지만 학생과 학부모님에게 좋은 선생님은 친절한 선생님입니다. 교사에게도 좋은 학부모는 친절한 학부모입니다.

둘째, 아이의 일에 과도하게 개입하는 부모

엄마가 아이를 과도하게 챙기는 경우입니다. 예를 들어, 선생님이 숙제를 내줬는데 거기에 어머니가 교사보다 먼저 코멘트comment를 남겨주십니다. "우리 미진이, 숙제 정말 잘했어요. 너무 대견스럽고 사랑해요." 부모님이 아이를 사랑하고 교육에 관심을 갖는 것은 당연합니다. 하지만 굳이 그런 식으로 표현하시는 것은 담임 교사의 입장에서는 부담스럽습니다.

아이의 과제에 부모님의 손길이 느껴지는 경우도 있습니다. "조사 학습" 과제를 내줬는데 아이 수준을 뛰어넘어 너무 완벽하고 거창하게 해온 경우입니다. 교사는 과제의 완성도보다는 아이가 직접 노력해서 해오는 과정을 중요하게 생각합니다. 도저히 아이가 했다고 믿기지 않는 과제를 해오면 교사는 부담을 느낄 수밖에 없습니다. 결국 부모의 과도한 개입은 아이에게 독이 될 수 있습니다.

셋째, 너무 무관심한 부모

이 경우는 둘째 사례와는 반대입니다. 아이에게 너무 관심이 많아서 과도하게 개입하는 부모님도 부담스럽지만 아이에게 무관심한 부모님도 부담스럽습니다. 예를 들어, 아이가 기본적인 준비물을 챙겨오지 않는 경우가 있습니다. 담임 선생님이 이야기를 하고, 알림장에도 쓰며, 부모님에게 따로 연락을 드려도 변화가 없습니다. 다시 말해서, 선생님이 이야기를 하면 아이에게 변화가 있고 조금씩 행동이 달라져야 하는데 전혀 그렇지 않은 것입니다.

2020년의 경우 코로나19로 인해 아이들이 등교 전 "건강상태 자가진단"을 체크하고 등교해야 합니다. 교육부에서 만든 "건강상태 자가진단" 애플리케이션을 부모님이나 학생의 휴대폰에 설치한 후 매일 아침 등교 전에 표시하는 것입니다. 모두 3가지 문항이고, 체크하는 데 30초면 충분합니다.

사실 "건강상태 자가진단"의 실효성에 의문이 있지만 학교에서는 형식적이더라도 "건강상태 자가진단"의 참여율이 종합되고, 그 결과가 누적되어 통계 처리됩니다. 학교의 교장 선생님과 교감 선생님은 참여율을 높이기 위해 담임 교사에게 연락하며, 담임 교사는 미참여 부모님들에게 문자나 전화로 참여를 부탁합니다. 그런데 매번 참여하지 않는 일이 반복됩니다. 교사 입장에서는 자꾸 연락하는 것이 미안하지만 어쩔 수 없이 연락하게 됩니다. 부모님 입장에서도 바쁘고 나름 사정이 있겠지만, 우리 아이에게 너무 무관심한 부모님들도 교사 입장에서는 부담스럽고 난감합니다.

건강상태 자가진단

1. 귀하에게 37.5℃ 이상 발열 또는 발열감이 있나요?
2. 귀하에게 코로나19가 의심되는 아래의 임상증상이 있나요?
    주요 임상증상: 기침, 호흡곤란, 오한, 근육통, 두통, 인후통, 후각 및 미각 소실 또는 폐렴
3. 귀하 또는 동거인이 방역당국에 의해 현재 자가격리가 이루어지고 있나요?

이상적인 전학 시기는 언제인가요?

　이사라든지 불가피한 이유 때문에 전학을 가야 하는데, 혹시 우리 아이가 새로운 학교에 적응하지 못하면 어떨지 부모님 입장에서는 걱정이 될 수밖에 없습니다. 어른이든 아이든 낯선 환경에 새롭게 적응하는 것은 분명 스트레스를 받고 어려운 일입니다. 그런데 초등학생들의 전학 문제는 크게 걱정하지 않으셔도 됩니다. 아이들의 적응력은 어른들이 생각하는 것 이상입니다.

　제 아이도 아주 활발하거나 적극적인 편은 아닙니다. 4학년 초반까지는 서울의 사립초등학교를 다니다가 5월에 지방의 공립초등학교로 전학을 했습니다. 당연히 부모 입장에서는 걱정을 많이 했습니다. 특히 사립초등학교에서는 아이들이나 학부모들끼리도 서로 아는 경우가 많고 친하게 지냈는데 갑자기 낯선 환경으로 전학을 해야 했으니까요. 전학 첫날 아침, 주민등록등본을 가지고 새로운 학교 교무실에 저와 아내, 아이가 함께 갔습니다. 낯선 환경에서 아이는 주눅들고 눈치를 많이 보는 모습을 보였고, 아이의 새로운 담임 선생님이 교무실로 와서 아이를 데리고 교실로 올라갔습니다. 걱정되는 마음에 그날 하교 후 아이에게 학교에서 있었던 일을 물었습니다. 아이는 친구 누구가 말을 걸어주고, 급식 먹을 때는 누구랑 이야기를 했고, 그날 있었던 일을 조잘조잘 이야기하면서 생각보다 잘 적응하는 모습이었습니다. 2학기 때는 학급에서 부회장도 했습니다.

제 아이의 사례뿐만 아니라 제가 맡았던 반에서도 매년 1~2명 정도의 아이들이 다양한 시기에 전학을 옵니다. 아이들의 경우 개인의 성향 차이가 존재하겠지만 대부분 어른들보다 낯선 환경에 잘 적응하고 사이좋게 지냅니다. 물론 적극적인 아이는 보다 빨리 적응합니다. 내성적이고 소극적인 아이도 다소 시간은 걸리지만 아예 어울리지 못하거나 왕따가 되는 경우는 거의 없습니다.

아이가 보다 빠르게 학교에 적응하는 방법은 학교 근처의 학원을 다니는 것입니다. 전학을 가게 되면 아무래도 학교에서 진행되는 방과후 학교는 시기적으로 이미 신청이 마감된 상태입니다. 학교 근처에 있는 영어, 피아노, 태권도 등의 학원에 같은 반 아이들이 많이 다니는 곳이 있을 것입니다. 학원에 다녀야 한다면 반 친구들이 많이 다니는 학원에 등록해서 다니면 훨씬 빠르고 쉽게 아이들과 친해질 수 있습니다.

전학을 가는 시기를 결정할 수 있다면 당연히 ==새 학기가 시작하는 3월 초에 전학을 가는 것이 가장 이상적입니다.== 3월 초에 전학을 가면 어차피 새 학기여서 친구들이 대부분 바뀐 상황이라 아이가 적응하는 데 큰 문제없이 반 아이들과 금방 친해질 수 있습니다.

==학년에 따라서 적응하는 데 걸리는 시간이 다릅니다.== 보통 저학년들의 적응이 빠른 편입니다. 저학년들은 누구와도 금방 친해지기 때문에 낯선 친구들도 크게 경계하지 않고 함께 잘 어울립니다. 반면, 고학년들은 이미 또래 집단이 형성되어 있습니다. 특히 여학생들은 소수의 친한 아이들이 결정된 경우가 많아서 적응하는 데 다소 시간이 걸릴 수도 있습니다.

전학 가는 학교의 규모도 중요합니다. 전학 가는 학교의 규모가 크고 전학생들이 많은 곳이라면 아이의 적응에 큰 문제가 없습니다. 전학생들이 많으면 전학을 오고 가는 것에 아이들이 크게 신경 쓰지 않기 때문입니다. 규모가 작은 소규모 학교라면 아무래도 아이들의 관심이 전학생에게 집중될 수도 있습니다. 그럴 경우에는 부모님이 학교 선생님과도 유기적으로 연락해서 아이의 학교 적응에 신경을 더 많이 써야 합니다. 6학년 아이들의 경우에는 전학을 할 때 중학교 진학까지 염두에 둬야 하기 때문에 신중하게 알아본 후 결정을 해야 합니다.

선생님들은 방학 때
무엇을 하시나요?

초등교사는 방학 때 무엇을 할까요?

대부분의 사람들은 교사들이 방학 때 무조건 논다고 생각하기 쉽습니다. 노는 경우도 있습니다. 하지만 많은 초등교사들이 방학 때 연수를 받습니다. 다른 교사들과 함께 모여서 교육을 받는 집합연수를 받을 수도 있고, 온라인상에서 진행되는 원격연수를 받을 수도 있고, 자율연수를 할 수도 있습니다. 집합연수는 교육청이나 특정한 장소에 모여 연수를 받는 것입니다. 교사들이 자발적으로 신청하기도 하고, 학교에 할당 인원이 내려오면 참여하는 경우도 있습니다. 원격연수는 교사들이 필요한 내용을 신청해서 인터넷으로 연수를 받는 것입니다.

저의 경우에도 방학 때 보통 2~3가지의 원격연수를 수강하는 편입니다. 평소 관심 있는 분야의 원격연수를 받는데, 작년 여름방학 때는 "우리문화유산"에 대한 연수와 "성교육"에 대한 연수를 수강했습니다. 우리문화유산은 사회 교과와 연계되고, 성교육은 평소 아이들에게 교육해야 하기 때문에 직접 신청해서 수강했습니다.

교사들에게는 1년간 반드시 들어야 하는 '법정 교육 시수'가 있습니다. 예를 들어, 심폐소생술 등 응급처치 교육 연간 최소 3시간 이상(실습 2시간 필수), 학교폭력 예방교육 학기별 1회 이상, 장애인식 개선교육 연간 1회 이상, 아동학대예방 및 신고의무 교육 연간 1시간 이상, 교육활동 침해 예방교육 연간 1회 이상, 성교육 및 성폭력 예방교육, 성매매 예방교육, 성희롱 예방교육, 가정폭력 예방교육 연간 각각 1회, 각 1시간 이상, 부패방지교육 연간 1회 2시간 이상, 부정청탁금지 및 금품 등 수수 금지교육 연간 1회 이상, 공무원 행동강령 교육 연간 1회 이상, 인성교육 연간 1회 이상, 개인정보 보호교육 연간 1회가 있습니다.

제가 '법정 교육 시수'를 전부 이야기한 것이 아니라 일부 생략한 것이 이 정도입니다. 평소 학기 중에는 시간이 부족해서 방학을 이용하여 이러한 필수 교육을 이수하는 교사들도 많습니다. 본인이 부족한 부분이나 평소 배우고 싶었던 분야의 학원 강의를 수강하거나 동아리 모임 등을 통해 배우는 자율연수도 있습니다.

학교마다 다르지만 방학 때 출근하는 교사들도 많습니다. 학교에서 방학 중 돌봄교실이나 영어캠프, 방과후 활동, 스포츠클럽 등을 하는 경우 담당 교사는 매일 출근해야 합니다. 교사들이 방학 때 놀면서 월급도 받는다는 인식이 있는 것은 잘 알고 있습니다. 방학 중에 해외 여행을 가는 교사들의 모습을 보고 그렇게 생각하실 수도 있을 것입니다. 교사들의 경우 일반 직장인이나 다른 공무원과 다르게 연가(연 휴가)가 있지만 학기 중 사용하는 것이 제한적입니다. 제가 연가를 써서 빠지게 되면 당장 우리 반 아이들의 수업에 피해를 주기 때문입니다. 그래서 교사들은 학기 중 연가 사용을 하지 못하고, 연가보상비 역시 지급되지 않습니다.

교사들도 아이들처럼 방학을 많이 기다리고 방학을 기다리며 버틴다는 말도 많이 합니다. 이 말은 무조건 방학 때 놀겠다는 의미가 아니라 아이들과 매일 같이 전쟁과 같은 날들을 보내다가 방학 기간 동안 재충전의 시간을 갖기 위함입니다.

정말 촌지 안 받으세요?

네, 안 받습니다. 아니 못 받습니다. 아마 요즘 촌지寸志를 받는 교사는 전국적으로 거의 없을 것입니다. 촌지를 받다가 걸리면 바로 파면되기 때문입니다. 촌지가 얼마나 될지 모르지만 돈을 받다가 학부모가 도리어 신고하거나 걸릴 경우 그 피해는 상상 이상입니다.

예전에 제가 국민학교에 다닐 때는 촌지가 있었습니다. 지금으로부터 30여 년 전의 이야기입니다. 요즘에는 그런 경우가 없습니다. 지금은 교사가 '을乙', 학부모와 학생들이 '갑甲'의 입장입니다. '부정청탁 및 금품 등 수수의 금지에 관한 법률(김영란법)' 때문에 학부모들로부터 음료수 한 캔도 받지 않습니다.

요즘에는 촌지를 받는 교사가 없고 촌지를 주려고 시도하는 학부모님들도 전혀 없습니다. 간혹 학부모님들이 음료수나 롤케이크 같은 것을 가져와도 그냥 돌려보내는 실정입니다. 사소한 것을 잘못 받았다가 오히려 크게 낭패를 당할 수도 있기 때문입니다. 학교에서도 매년 청렴교육을 의무적으로 실시하고 있습니다.

제가 코로나 때문에 온라인 수업 기간 중 학교에 등교하여 원격 수업 지원을 받는 아이들을 급하게 조사한 적이 있었습니다. 맞벌이 등의 가정 사정으로 인하여 등교해서 온라인 수업을 받는 아이들을 조사하는 것인데, 윤서(가명)가 기한 내에 신청을 안 했지만 제가 대신 다른 아이들과 함께 신청한 적이 있습니다. 그 아이의 부모님이 바쁘다는 사실을 알고 있었고, 그 전에도 등교해서 온라인 수업을 받았기 때문입니다. 나중에 그 사실을 알고 어머니가 너무 고맙다며 아이에게 약간의 고기와 볶음밥 재료를 신문지에 싸서 비닐봉지에 담아 보내주셨습니다. 아이 어머니가 식당을 하시기에 고마움을 그렇게 표현한 것입니다.

제가 어떻게 했을까요? 아이 편에 다시 돌려보냈습니다. 정중하게 고마운 마음만 받고, 고기는 돌려보냈다는 전화를 드렸습니다. 저를 비롯해서, 다른 교사들도 촌지뿐만 아니라 음료수 한 캔도 받지 않습니다. 예전과 다르게 깨끗한 교직 문화가 정착되었고, 이 부분은 믿으셔도 됩니다.

김영란법이란?

김영란법의 정식 명칭은 "부정청탁 및 금품 등 수수의 금지에 관한 법률" 입니다. 2016년 9월 28일부터 시행되었으며, 언론인과 사립학교 교직원을 포함한 공직자의 부정청탁 및 금품수수 금지를 핵심으로 합니다. 공직자여도 직무 관련성이 없다면 100만 원 이하 선물까지 가능합니다. 그러나 직무 관련성이 있다면 원활한 직무수행, 사교, 의례 목적이 인정되는 경우 월 5만 원 이하의 선물을 할 수 있고 상품권 선물은 종류에 상관없이 금지됩니다. 농축수산물과 재료, 원료 중 농축수산물이 50%를 초과한 제품을 선물하는 경우에는 10만 원까지 가능합니다.

PART 2

학부모가
꼭 알아야 할
아이 지도 방법

평범한 교사는 말을 전한다.
훌륭한 교사는 설명을 한다.
뛰어난 교사는 모범을 보인다.
위대한 교사는 스스로 하고픈 마음이 생기도록 한다.
(The mediocre teacher tells. The good teacher explains.
The superior teacher demonstrates. The great teacher inspires.)

— 윌리엄 아서 워드(William Arthur Ward, 동기부여 격언으로 유명한 미국의 작가)

Chapter 1

꼭 알아두면 좋은
학습 방법

아이의 독서 습관을 기르는
효과적인 3가지 방법

첫째, 하루 15분 책 읽어주기

　부모님들이 아이가 어릴 때는 책을 자주 읽어주지만 어느 정도 자라면 아이에게 직접 책을 읽으라고 하는 경우가 많습니다.《하루 15분 책읽어주기의 힘》에 의하면, 아이들에게 책을 읽어주는 것은 유치원생이나 저학년에게만 효과적인 방법이 아닙니다. 이 책에서는 적어도 중학교 2학년 때까지는 책을 읽어주는 것이 좋다고 나옵니다. 초등 고학년이나 중학교 학생들에게는 읽어주는 텍스트를 그들 수준에 맞는 것으로 조정하는 것이 중요합니다.

　왜 책 읽어주기를 강조할까요?

　==아이들의 읽기 수준과 듣기 수준이 다르기 때문입니다. 대부분의 아이들은 읽는 것보다 더 높은 수준의 내용을 듣고 이해할 수==

==있습니다.== 책 읽어주기를 통해 아이들이 기본적으로 독서에 흥미를 느끼고, 스스로 책을 읽을 수 있도록 만들어주는 것입니다. 책 제목은 《하루 15분 책읽어주기의 힘》이지만, 실제 읽어주는 시간은 각 가정에서 아이의 능력과 특성에 따라 탄력적으로 조정하면 됩니다. 읽어주는 방식도 다양하게 변형할 수 있습니다. 아이가 흥미를 느끼는 책의 시작 부분을 읽어줄 수 있고, 가장 결정적인 부분 직전까지 읽어줄 수도 있습니다. 아이와 부모님이 번갈아 가면서 책을 읽는 것도 괜찮은 방법입니다.

둘째, 동네 도서관과 대형 서점에 함께 가기

우리나라는 전국 어느 지역이든 공공도서관이 잘 구축되어 있습니다. 주말을 이용해서 동네 도서관에 아이의 손을 잡고 함께 가면 좋습니다. 대부분의 도서관에 어린이용 열람실이 따로 있는 경우가 많으니, 부모님은 본인 책을 대출하고 아이는 어린이 열람실에서 자유롭게 책을 읽는 것입니다.

대형 서점에 아이와 함께 가는 것도 추천합니다. 요즘 대형 서점에는 책을 볼 수 있는 공간이 잘 꾸며져 있습니다. 아이와 정기적으로 가서 아이가 원하는 책을 마음껏 보고 선택할 수 있는 기회를 주는 것입니다. "네가 원하는 책 두 권만 골라 봐. 단, 학습만화는 제외!" 이렇게 이야기하면 아이가 신이 나서 책을 고르기 위해 뛰어다닐 것입니다. 굳이 학습만화를 고르겠다면 학습만화 1권과 부모님이 선택하는 책 1권을 번갈아본다는 약속을 하고 사주시는 것이 좋습니다. 그곳에는 또래 아이들이 게임에 몰두하는 것이 아니라 책에 집중하는 모습을 볼 수 있습니다. 그러면 독서에 대한 자극을 받을 수 있고 책을 읽을 수 있는 환경에 자연스럽게 노출됩니다.

셋째, 책을 활용한 다양한 활동

책을 읽고 독후활동을 해도 좋고, 책을 읽는 중간의 활동도 좋습니다. 형제자매가 있다면 서로에게 책의 내용을 소개하는 방법도 바람직합니다. 책의 내용으로 빙고 게임을 해도 좋습니다. 학교에서 아이들이 가장 좋아하고, 교사 입장에서 손쉽게 할 수 있는 활동이 빙고 게임입니다. 책에 나오는 등장인물이나 내용을 가지고 빙고 게임을 하면 아이들이 보다 더 책을 꼼꼼하게 신경 써서 읽을 것입니다.

Bingo Game (동화책 제목)

수상한 운동장	이상한 과자 가게 전천당	화요일의 두꺼비	바삭바삭 갈매기	강남 사장님
소원 떡집	마당을 나온 암탉	아름다운 아이	푸른 사자 와니니	십 년 가게
악플 전쟁	걱정 세탁소	**열두 살에 부자가 된 키라**	고양이 해결사 깜냥	한밤중 달빛 식당
잘못 뽑은 반장	마법의 설탕 두 조각	마틸다	5번 레인	책 먹는 여우
꽝 없는 뽑기 기계	수상한 화장실	샬롯의 거미줄	마음의 온도는 몇 도일까요?	프린들 주세요

시험 성적을 올리는
3가지 방법

　아이들은 초등학교 때부터 다양한 시험을 봅니다. 예전처럼 학기마다 보는 중간고사, 기말고사 등의 일제고사는 폐지되었지만 저학년 때는 받아쓰기 시험, 3학년부터는 공식적으로 기초학력 진단평가를 봅니다. 담임 선생님에 따라 수학이나 영어, 국어, 사회, 과학 과목 단원평가도 보게 됩니다. 저는 수학 교과의 매 단원이 끝나면 반드시 단원평가를 봅니다. 직접 채점한 후에 아이들에게 시험지를 나눠주고 다시 한번 풀어보게 합니다. 아이들의 단원평가 결과는 전부 기록해서 정리하는데, 아이들의 시험지를 채점하다 보면 평소 학업 능력이 우수한 아이들인데도 실수로 틀리는 경우가 종종 있습니다.
　여기서는 아이들의 시험 성적을 올리는 구체적인 3가지 방법을 소개합니다. 이 방법은 초등학교 때뿐만 아니라 나중에 중학교와 고등학교에 진학해서 시험 성적을 올리는 방법으로도 그대로 적용할 수 있는 기본적이고 중요한 것들입니다.

첫째, 문제를 꼼꼼하게 읽자!

아주 당연한 말이지만, 문제를 꼼꼼히 읽지 않는 학생들이 대부분입니다. 예를 들어, 시험 문제에서 "기호를 쓰시오"라고 하면 기호를 쓰고, "2개를 고르시오"라고 하면 2개를 골라야 합니다. 그런데 이 기본적인 사항을 제대로 지키지 않는 아이들이 많습니다. 분명 문제를 제대로 푼 흔적은 있는데 기호를 쓰지 않거나 2개를 골라야 하는데 1개만 고르는 경우는 틀린 것입니다. 특히 시험 문제에서 ==″옳지 않은 것을 고르시오″ 또는 "틀린 것을 고르시오"라는 문제를 주의해야 합니다.== 좋은 문제 유형은 아니지만, 객관식 문제 중에서 이런 문제가 나오면 특히 조심해서 접근해야 하는데 아이들은 너무 쉽게 함정에 빠집니다.

둘째, 문제를 다 풀고 나서 반드시 검토하자!

의외로 시험 문제를 풀고 나서 검토하지 않는 아이들이 너무 많습니다. 특히 초등학생들은 담임 교사 재량으로 단원평가를 치르다 보니 시험 문제 빨리 푸는 것을 대단한 일로 생각해서 경쟁적으로 답안지를 먼저 제출하려고 합니다. 시험 시간이 40분인데 5분 만에 문제를 다 풀었다거나 너무 쉽다면서 큰소리치는 아이들이 꼭 있습니다. 그런 아이들의 대부분은 너무 단순한 문제를 틀리거나 실수가 잦습니다. 어떤 시험이든 아이들이 최선을 다하고, 반드시 ==처음부터 끝까지 제대로 답을 적었는지 확인하는 습관을 가져야 합니다.==

셋째, 시간 안배를 잘하자!

시험 시간이 40분이고 시험 문제가 20문제라면 1문제당 2분 정도의 시간을 사용하면 됩니다. 모르는 문제가 나오면, 그 문제에 매달리지 말고 과감하게 넘기고 ==다른 쉬운 문제부터 푼 후 마지막에 다시 어려운 문제를 풀면 됩니다.== 하지만 아이들은 이 단순한 이치를 잘 모르고, 어려운 문제가 나오면 낑낑대며 시간을 허비하거나 시간 안배를 제대로 하지 못해서 시간이 부족하여 허덕이는 경우가 종종 있습니다.

학교 단원평가를 대하는 아이들은 크게 두 부류로 나뉩니다. 너무 시시하게 생각해서 대충 풀거나 시험 불안으로 지나치게 긴장하거나 말이죠. 어떤 시험이든 최선을 다하며 노력할 수 있도록 지도하는 것이 중요합니다. 시험의 결과보다는 공부하는 과정의 소중함을 강조하고, 항상 시험을 볼 때는 앞에서 이야기한 3가지 방법을 습관화해서 후회 없이 시험을 치를 수 있도록 해야 합니다.

아이 혼자 공부하게 하는
4가지 방법

'혼공'의 열풍이 불고 있습니다. 그런데 이 혼자 공부하는 혼공은 이미 예전에도 있던 개념입니다. 바로 '자기주도학습'이죠. 2010년대 초반 자기주도학습의 열풍이 불었고, 그 트렌드가 10년 만에 코로나19로 인해 혼공 열풍으로 되살아났습니다. 사실 요즘처럼 본인의 방에서 온라인으로 수업을 진행할 때 혼공, 즉 자기주도학습 능력은 정말 중요합니다.

일부 아이들을 제외하고 스스로 공부할 수 있는 능력을 갖춘 초등학생들은 거의 없습니다. 가장 큰 이유는 어릴 때부터 시작된 사교육 때문입니다. 아이들이 스스로 공부해 본 적이 없고 그럴 만한 기회도 없었습니다. 온라인 수업 이전에는 그런 실태가 드러나지 않아서 잘 몰랐습니다. 그저 아이가 학교와 학원에 잘 다니니까 공부를 잘하고 있다고 생각했던 것입니다. 하지만 온라인 수업으로 인해 그동안 보이지 않던 우리 아이의 실상을 알게 된 것입니다.

우리 아이 혼자 공부하려면 어떻게 해야 할까요? 아이 혼자 공부하게 하는 4가지 방법을 소개합니다.

첫째, 계획적인 공부를 한다

대부분의 초등학생들은 공부를 할 때 미리 계획을 세우지 않고 기분 내키는 대로 하는 경우가 많습니다. 우선 공부 계획부터 세워야 합니다. 공부를 하기 전에 어떻게 공부를 할 것인지 그 계획을 세우는 것입니다. 토요일에 공부를 한다면, 9시부터 10시까지 수학 공부, 11시부터 12시까지는 영어 단어 암기, 오후 2시부터 3시까지는 과학 공부, 4시부터 6시까지는 한국사 책 읽기 등으로 말이죠. 이렇게 계획을 세웠으면 플래너를 작성하거나 포스트잇에 공부 계획 세운 것을 써서 책상 위에 붙여놓고 그에 따라 꾸준하게 실천합니다. 밤에 잠을 자기 전에 본인이 세운 계획을 보면서 실제로 잘 공부하며 실천했는지 꼭 확인해야 합니다. ==공부할 때는 항상 '계획 – 실천 – 반성'의 루틴을 지키도록 합니다.==

둘째, 매일 '공부일기'를 쓴다

일기는 많이 들어보셨을 텐데 '공부일기'는 처음 들어보셨을 것입니다. 공부일기는 무엇일까요? 말 그대로 아이가 하루 동안 무엇을 얼마나 공부했는지 그 내용을 쓰는 것입니다. ==잠을 자기 전에==

| 5학년 재민이의 토요일 계획 |

시간	할 일
07:30	기상
07:30~08:30	씻기, 아침 식사
08:30~09:00	휴식
09:00~10:00	수학 공부(2학기 2단원 「분수의 곱셈」 30~45쪽 복습)
10:00~10:20	휴식
10:20~11:20	영어 동화책 읽기(《Little Women》 1~25쪽 읽기)
11:20~13:00	휴식, 점심 식사
13:00~14:00	사회 공부(2학기 2단원 「사회의 새로운 변화와 오늘날의 우리」 읽기)
14:00~15:00	동생과 보드게임하기
15:00~16:00	독서(《한국사 편지》 2권 1~50쪽)
16:00~16:30	휴식
16:30~17:00	과학 공부(2학기 4단원 「물체의 운동」 읽기)

공부일기장을 꺼내서 자신이 오늘 공부한 내용을 씁니다. 당연히 공부일기장은 아무것도 쓰여 있지 않은 백지 공책입니다. 그 백지 위에 오늘 공부한 내용을 떠올리며 하나씩 씁니다. 평소 우리가 알고 있는 일기와는 그 성격이 판이하게 다릅니다. 공부일기는 줄글로 작성해도 되고, 마인드맵으로 정리해도 괜찮습니다. 오늘 무슨 공부를 했는지 생각이 잘 나지 않는다면, 다시 책을 꺼내서 찾아봐도 괜찮습니다. 누구에게 보여주기 위해서가 아니라 본인이 공부

| 마인드맵 |

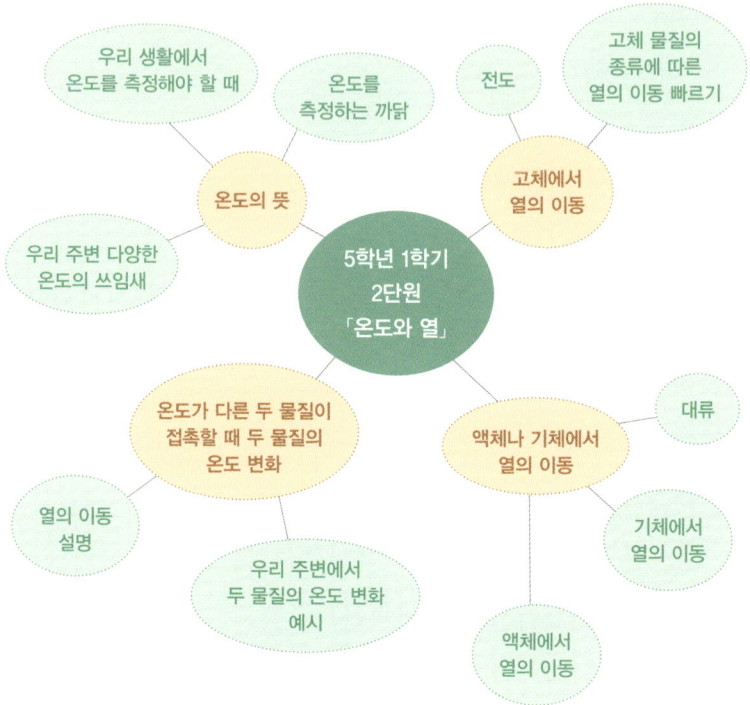

한 것을 장기 기억으로 저장하기 위해서 하는 것이니, 본인만의 마인드맵으로 그려도 되고, 다른 아이디어를 반영해 바꿔서 작성해도 됩니다.

처음에는 쉽지 않겠지만 어릴 때부터 공부일기를 작성하는 습관이 생긴 아이와 그렇지 않은 아이는 나중에 큰 차이가 생길 수밖에 없습니다. 백지에 그날 공부한 내용을 깔끔하게 정리해서 쓸 수 있다는 말은 아이 머릿속에 공부한 내용이 체계적으로 구조화되

==어 있다는 것입니다.== 시간이 지날수록 단순 암기보다는 아이들의 창의력과 고차원적 사고력을 요구하는 시대로 변화하고 있습니다. 이런 시기에 본인만의 공부일기를 작성하면서 스스로 생각하며 공부하는 습관을 들인다면 훗날 큰 도움이 될 것입니다.

셋째, 암기가 아니라 이해하는 공부를 한다

사실 단순한 지식의 암기는 더 이상 중요하지 않습니다. 4차산업혁명이 진행되는 AI 시대이고, 우리 사회 전반에 과학기술의 발달이 큰 영향을 미치고 있습니다. 따라서 암기보다는 이해하는 공부를 하도록 유도해야 합니다. 공부하는 내용을 잘 모르겠고, 이해가 안 되면 시간을 더 투자해서라도 반드시 알고 넘어가야 합니다. 결국 핵심적인 개념과 원리에 몰두해야 합니다. 항상 생각하고, 왜 그런지 고민할 필요가 있는 것이죠.

구체적인 방법으로 ==스스로에게 질문하고 대답하는 습관이 좋습니다.== 바로 자문자답自問自答하는 것입니다. 예를 들어, 과학 공부를 하고 나서 "준서야, 자석을 철로 된 물체에 가까이 가져가면 어떻게 될까?"라고 본인에게 묻습니다. 그리고 스스로 생각한 후 대답합니다. "자석을 철로 된 물체에 가까이 가져가면 철로 된 물체는 자석에 끌려오게 돼. 철로 된 물체와 자석이 약간 떨어져 있어도 자석은 철로 된 물체를 끌어당길 수 있어"라고 스스로 질문하고 대답하는 방식입니다.

넷째, 공간을 효율적으로 활용한다

가장 이상적인 방법은 공부하는 공간과 쉬는 공간을 분리하는 것입니다. 즉, 공부방과 잠 자는 방을 따로 나누는 것입니다. 현실적으로는 쉽지 않습니다. 그렇다면 아이에게 공부는 책상에서 하고 잠은 침대에서 자는 것이라는 점을 명확하게 인식시켜주셔야 합니다. 어떤 아이들은 책상 앞 의자에 앉아서 게임을 하고, 또 어떤 아이들은 다리를 책상 위에 올리고 세상 편한 자세로 만화책을 봅니다. 반대로 침대에 누워서 교과서와 책을 보며 공부하는 경우가 있습니다. 이 방법은 좋지 않습니다.

공간 활용을 위해 컴퓨터는 거실에 두는 것을 추천합니다. 아이를 전적으로 믿으셔야 하겠지만, 아이 방에 컴퓨터가 있는 경우 온라인 수업이나 동영상 강의를 볼 때 아이가 1시간 동안 집중력을 유지하면서 끝까지 볼 수 있을까요? 강의 내내 딴 곳을 기웃거리지 않으면서 보는 것은 성인들에게도 어려운 일입니다. 아예 컴퓨터를 거실에 놓고 부모님의 감독하에 사용하도록 해야 합니다.

초등 공부의 기본은 교과서

　초등학교에서 공부를 할 때 가장 기본적이고 중요한 교재가 무엇일까요? 대한민국 전국 어디에서나, 학년에 상관없이 가장 중요한 텍스트는 바로 교과서입니다!

　우리나라 초등학교 교과서는 주지 교과인 국어, 수학, 사회, 과학의 경우 국정 교과서이며, 예체능 교과인 음악, 미술, 체육, 실과, 영어는 검정 교과서 체제입니다. 다시 말해서, 주지 교과의 교과서는 나라, 즉 교육부에서 만들고, 예체능 교과의 교과서는 개별 출판사에서 만듭니다.

　교과서는 초등학교뿐만 아니라 중학교와 고등학교에서도 공부의 가장 기본으로 생각하셔야 합니다. 교과서를 만드는 집필진들은 우리나라에서 해당 과목의 가장 뛰어난 전문가들이기 때문입니다. 초등학교 교과서 제일 뒷장을 보면 누가 그 교과서를 만들었는지 이름과 소속이 자세하게 나와 있습니다. 예를 들어, 4학년 1학기 국어 교과서를 보면 연구진 17명, 집필진 25명, 검토진 7명, 심의진 20명의 명단이 있습니다. 참여자들은 교대나 사범대 교수, 현직 초등학교 교사들입니다. 교과서 집필에 참여하는 교사들은 대부분 박사 학위 소지자로 해당 과목에서 전문성을 인정받은 분들입니다.

교과서는 몇 사람이 모여서 단기간에 대충 뚝딱 만드는 것이 아닙니다. 많은 전문가들이 모여서 국어 내용에서도 "말하기, 듣기, 읽기, 쓰기, 문법, 문학" 등의 세부 전공에 맞춰 역할을 나눠서 집필합니다. 그 내용을 또 다른 전문가들이 검토하고 심의하는 과정을 거칩니다. 이렇게 교과서가 만들어지면 각 지역에 있는 교육대학교 부설 초등학교(교대부초)에서 1년 먼저 현장에서 시범적으로 적용합니다. 문제가 있거나 미흡한 점이 있으면 부분적으로 수정하는 과정을 또 거치게 됩니다. 그 후에 최종적으로 완성된 교과서가 전국의 각 초등학교에 배포됩니다.

많은 학부모님과 아이들이 교과서의 중요성을 잘 모르고 외부 교재나 학원 교재를 더 신봉하여 그 교재들을 공부하는 데 치중하는 경우를 많이 봤습니다. 학교 수업에 충실하지 않은 아이가 결코 공부를 잘할 수 없습니다. 아이들은 학교 수업에 집중하며 교과서를 중심으로 공부해야 합니다. 나중에 중고등학교에 진학해서도 마찬가지입니다.

그렇다면 아이가 학교 수업에 집중하는지 어떻게 알 수 있을까요? 교과서를 확인하면 바로 알 수 있습니다. 많은 아이들이 교과서를 학교 사물함에 두고 다닙니다. ==일주일에 한 번 금요일 하교할 때 아이들에게 국어, 사회, 수학, 과학 교과서를 집으로 가져오라고 해서 부모님이 확인하는 방법을 강력 추천합니다.== 저도 제 아이가 4학년 때부터 이 방법을 쓰고 있습니다. 아이가 학교 수업에 충실하게 참여하는지 부모님이 확인할 수 있는 아주 효과적인 방법입니다. 요즘 교과서는 대부분의 과목이 활동 위주로 구성되어 있어서 빈칸이나 본인의 생각을 쓰는 부분이 많습니다. 그런 부분에 우리 아이가 제대로 기록을 했는지 확인하는 것입니다.

==아이가 교과서를 가지고 오면 주말에 과목마다 Q&A 시간을 갖습니다.== 사회에서는 중요 개념들을 물어보고, 과학에서는 실험 과정이나 결과를 묻습니다. 수학도 핵심 개념이나 의미가 교과서의 텍스트 상자에 따로 정리되어 있으니 그 부분을 물으면 됩니다. 이런 식으로 부모님이 확인을 하면 아이도 학교 수업과 교과서가 중요하다는 인식을 갖게 됩니다. 부모님이 관심을 가지고 매주 교과서를 확인하니까 평소 수업에 적극적으로 참여하고 의식할 수밖에 없습니다. 이런 습관이 초등학교 때 형성되면 나중에 중학교와 고등학교 때는 부모님이 확인하지 않더라도 아이의 공부 습관이 바람직하게 잡혀 긍정적인 효과를 발휘할 것입니다.

학원에 보내기 전에
꼭 확인해야 하는 사항

초등학생 공부의 기본은 교과서를 중심으로 하는 '학교 교육'입니다. 아이가 학교에서 진행되는 수업을 100% 이해하고 좀 더 심화된 내용을 배우고 싶어 하거나 초격차 아이라면 학원에 다녀도 좋습니다. 또는 우리 아이가 학교 수업 내용을 다 이해하지 못하고 어려워한다면 보충의 목적으로 학원에 가서 천천히 다시 살펴보는 것도 좋습니다. 이렇게 구체적인 목적의식을 가지고 학원에 가는 것은 괜찮습니다. 하지만 아무 이유나 목적 없이 아이의 시간을 채우기 위해서나 단지 친한 친구가 다니니까 가게 하는 것은 시간 낭비일 뿐만 아니라 학원 재정만 불리는 일일 뿐입니다.

학원에 보내기 전에 우리 아이가 학교 수업에 잘 참여하고 있는지, 어느 정도 수준인지 파악하셔야 합니다. 가장 좋은 방법은 아이의 수학과 영어 교과서를 집에 가져오게 해서 확인하는 것입니다. 의외로 학교 수업 시간에 잘 참여하고 집중하는 아이는 한 반에서 약 1/3 정도입니다. 저희 반뿐만 아니라 다른 학급, 다른 학교, 다른 지역 초등학생들도 마찬가지입니다. 갈수록 수업에 집중하는 아이들의 비율이 낮아지고 있습니다.

수업에 집중하지 않는 아이들은 무엇을 할까요? 그 아이들도 나름대로 바쁩니다. 수업 시간에 교과서에 낙서하기, 그림 그리기, 멍 때리기, 다른 친구 쳐다보기 등을 합니다. 담임 교사가 25명 정도 되는 아이들을 모두 수업에 집중시켜서 가르치는 것은 현실적으로 불가능합니다. 그렇게 하면 아예 수업 진행 자체가 안 됩니다. 딴짓하는 아이들을 가끔 지적하며 수업을 이끌어가지만 많은 아이들이 수업 시간에 집중하지 못합니다. 물론 여기에는 교사 중심의 획일적인 수업, 따분한 지도 방식 등 교사의 책임도 있습니다.

==우리 아이를 학원에 보내기 전에 반드시 아이의 교과서를 확인해서 수업 시간에 집중한 흔적을 찾아보거나 수업에 잘 참여했는지 파악하셔야 합니다.== 그 후에 아이와 이야기해서 어떤 목적으로 학원에 갈지 결정하셔야 합니다. 심화 목적으로 학원에 갈지, 보충 목적으로 학원에 갈지 직접 학원에 가는 아이와 상의해야 하는 것입니다. 단지 부모님의 욕심만으로 아이를 영어, 수학, 논술, 태권도, 피아노 등의 학원으로 돌리면, 아이가 지치고 무기력해져서 아예 공부에 흥미를 잃을 수도 있습니다.

학원에 보내지 않고, 부모님이 아이의 교육을 담당해도 됩니다.

초등교육과정 자체가 어렵지 않기 때문에 충분히 가정에서 지도할 수 있습니다. 시간이나 여건이 허락한다면 초등교육과정은 가정에서 부모님이 살펴보며 지도하는 것이 오히려 더 효과적일 수도 있습니다.

상황에 따라 아이들이 학원에 다닐 수는 있지만 아이들 공부에 학원이 만능열쇠가 될 수는 없습니다. 초등학생 공부의 기본은 교과서와 학교 수업임을 꼭 명심해주시기 바랍니다.

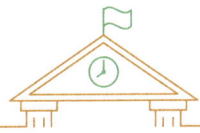

아이의 집중력을 높이는 4가지 방법

20분 이상 책상에 앉아 있는 것을 힘들어하는 아이들이 많습니다. 그 이유는 바로 집중력이 부족한 탓입니다. 아이의 집중력을 향상시키는 5가지 방법을 소개합니다.

첫째, 심호흡

==아이가 시험을 보거나 공부하기 전에 심호흡을 3회 하게 하면 좋습니다.== 심호흡은 코로 숨을 천천히 들이마시고 입으로 내뱉는 것입니다. 코로 숨을 들이마실 때는 천천히 10초 동안 마시고, 뱉을 때는 20초간 내뿜습니다. 이렇게 심호흡을 하고 나면 마음이 차분하게 가라앉아 공부를 하거나 일을 할 때 집중할 수 있습니다. 즉, 심호흡의 가장 큰 효과는 스트레스를 감소시킨다는 것입니다.

의도적으로 심호흡을 하게 되면 긴장이 해소되며 마음이 안정될 수 있습니다. 아이들에게 심호흡 하는 법을 가르쳐주시고 어떤 상황에서 심호흡을 하면 좋은지 알려주세요. 심호흡을 할 때는 가볍게 눈을 감고 의자에 똑바로 앉은 자세로 하는 것이 좋습니다.

둘째, 주변 환경 정리

집중해서 공부를 하거나 일을 하기 전에 주변 환경을 정리하는 것이 필수입니다. 어떤 아이들은 공부하려고 책상에 앉았는데 5분 정도 책을 보더니 갑자기 다이어리에 용돈 쓴 내역을 적습니다. 다시 책을 보다가 화장실에 다녀옵니다. 그리고 냉장고에서 물을 마시고, 책꽂이에 있던 다른 학습만화를 꺼냅니다. 이처럼 공부에 집중하지 못하고 주변 환경에 방해를 받는 경우가 너무 많습니다. 특히 요즘 아이들의 공부를 방해하는 가장 큰 적은 바로 스마트폰입니다.

==공부를 하기 위해서는 우선 주변 정리부터 해야 한다==는 점을 알려주시는 것이 필요합니다. 책상 주변의 공부에 방해가 되는 물건을 치우고 미리 화장실에 다녀오고 물도 한 모금 마시는 게 좋겠죠. 스마트폰도 끄거나 비행 모드로 전환해야 하겠지요. 즉, 본인이 1시간 공부하기로 마음먹었다면 온전히 그 시간 동안 집중할 수 있도록 방해 요소들을 사전에 확실하게 제거해야 합니다. 그런 환경을 만들 수 있도록 부모님이 도와주셔야 합니다.

셋째, 스톱워치 활용하기

아이가 스스로 계획한 일정에 따라 공부를 하되 ==공부를 시작할 때 스톱워치로 구체적인 시간을 철저하게 기록하게 합니다.== 예를 들어, 오전 9시에 공부를 시작했으면 다이어리에 "9시 공부 시작"이라고 쓰고, 스톱워치를 누르는 것입니다. 그 후에 집중해서 공부를 하고, 화장실에 가거나 물을 마시러 가는 등 자리를 이탈할 때 스톱워치를 멈추고 다이어리에 기록합니다. 다시 자리에 돌아와서 공부를 시작할 때 똑같은 방법으로 스톱워치를 작동해서 시간을 기록합니다.

밤에 잠자기 전에 본인이 오늘 공부한 최종 시간을 보면 깜짝 놀랄 것입니다. 분명히 오전과 오후에 열심히 공부를 했는데 실제 공부한 시간은 그렇게 많지 않을 것이기 때문입니다. 이것을 교육학 용어로 ALT-PE Academic Learning Time-Physical Education, '실제 학습 시간'이라고 합니다. 스톱워치를 활용해서 실제 학습 시간을 점검하면, 의외로 실제 공부한 시간이 길지 않고 중간에 낭비하는 시간이 많다는 것을 아이가 직접 느낄 수 있습니다.

넷째, 바른 자세 유지하기

집중력의 차이는 바른 자세에서 시작되는 경우가 많습니다. 자세를 바르게 하면 자연스럽게 마음가짐도 새롭게 됩니다. 요즘 아이들은 앉는 자세가 좋지 않습니다. 수업 시간에 다리를 꼰다든지 의자에 기대어 앉고, 손으로 턱을 괴거나 엎드려 있는 아이들이 많습니다. 장기적으로 척추 측만증이나 허리 디스크 등의 염려는 차치하더라도 당장 아이들의 불안정한 자세는 마음가짐을 흐트러뜨리고 공부에 집중할 수 없게 만듭니다. ==공부를 할 때는 항상 바른 자세를 갖도록 습관을 들여야 합니다.==

바른 자세가 아이들의 몫이라면 ==우리 아이 몸에 맞는 책상과 의자 조절은 부모님의 몫입니다.== 책상과 의자가 아이의 몸에 맞는지 확인하고, 그렇지 않다면 바꾸거나 높이를 조절해주셔야 합니다.

초등학생이 꼭 해야 하는 2가지 선행학습

흔히 선행학습은 안 좋다는 부정적인 인식이 있습니다. 그런데 초등학생들에게 도움이 되는 2가지 선행학습이 있습니다.

첫째, 영어 선행학습

초등학교에서 영어는 3학년 때 정규 교과로 처음 배웁니다. 1학년 때 한글을 배울 때와는 달리, 영어 교과서에서는 1단원부터 바로 기본적인 인사와 본인 소개가 나옵니다. 즉, ABCD 등의 알파벳 대소문자를 학교에서 친절하게 가르쳐주지 않습니다. 아이들이 최소한 ==2학년 겨울방학 때 영어 알파벳 대소문자를 순서대로 쓸 수 있어야 학교에서 영어 수업을 따라갈 수 있습니다.==

영어 시간에 담임 선생님이나 전담 선생님이 아이들의 알파벳

습득 정도를 테스트하는 경우가 많고, 그에 따라 지도할 것입니다. 하지만 영어 알파벳을 전혀 모르다가 3학년 영어 수업 시간에 1단원부터 자기소개 표현부터 배우면 아이들이 아예 영어에 손을 놓을 수도 있습니다. 그런 점에서 영어는 현실적으로 사교육이나 선행학습의 영향이 가장 크고, 학습격차도 심한 과목입니다. 간혹 영어를 잘하는 아이들은 3학년인데도 원어민 선생님과 자유롭게 대화할 수 있을 정도의 실력을 갖춘 경우가 있습니다. 반면, 4학년 학생들 중에서도 알파벳 대소문자를 순서대로 못 쓰는 아이들이 있습니다.

결국 영어는 선행학습을 하는 것이 좋습니다. 선행학습이라고 해서 반드시 학원에 보내라는 이야기가 아닙니다. 부모님이 충분히 집에서 영어 공부를 시킬 수 있습니다. ==최소한 알파벳 대소문자 순서대로 쓰기와 기본적인 파닉스, 영어 그림책 반복 듣기와 읽기를 꾸준히 하면 학원에 보내지 않고도 큰 성과를 거둘 수 있습니다.== 가장 중요한 것은 우리 아이가 영어에 두려움을 갖지 않고, 자신 있고 능동적으로 수업에 참여할 수 있게 하는 것입니다.

둘째, 독서 선행학습

정확히 표현하자면 독서는 선행학습이라기보다는 아이의 상황과 특성에 따라 얼마든지 글밥이 많은 책을 읽혀도 된다는 의미입니다. 흔히 학교나 도서관에서 학년별 권장도서나 추천도서를 제시하는 경우가 있습니다. 그 독서 리스트를 상당히 중요하게 생각하여 추천도서를 골라 아이에게 읽히는 부모님이 많습니다. 하지만 부모님의 생각과 달리, 책을 읽는 아이들의 수준은 학년이나 나이와 무관합니다.

어떤 아이는 3학년인데 글밥이 많은 두꺼운 책을 읽기도 하고, 어떤 아이는 고학년인데도 그림책이나 학습만화만 보는 경우가 있습니다. 즉, 책을 읽을 때도 맞춤 독서가 필요하다는 뜻입니다. 부모님은 학년별 권장도서나 추천도서에 연연하지 마시고, <mark>우리 아이가 주로 어떤 책을 읽는지, 책을 읽는 속도는 어떤지 등을 파악해서 꾸준하게 독서를 할 수 있도록 환경을 조성하셔야 합니다.</mark>

저는 초등학교에서 가장 중요한 교육을 딱 한 가지만 정하라고 한다면 자신 있게 '독서'라고 말하고 싶습니다. 아이들의 초중고 12년의 학교생활 전체를 놓고 봤을 때 마음껏 신나게 독서를 할 수 있는 거의 유일한 때가 바로 초등학교 시기이기 때문입니다. 초등학교 때 독서를 통해 형성된 배경지식과 사고력, 창의력 등은 성인이 되어서도 평생 큰 영향을 미칩니다.

<mark>가장 좋은 독서 교육 방법은 집에서 부모님이 아이와 함께 책을 읽는 것입니다.</mark> 아이와 함께 TV로 드라마나 예능 프로그램을 보는 것보다 각자 선택한 책을 읽으며 그 내용을 이야기하는 모습은 생각만 해도 아름답지 않습니까? 그렇게 어렵거나 힘든 일이 아닙니다. 바로 이번 주말부터 꼭 실천해보시기 바랍니다.

글쓰기를 잘하는
4가지 방법

 글쓰기를 잘하는 방법에는 4가지가 있습니다. 다음의 방법을 참고해서 아이들에게 알려주시면 좋습니다.

 첫째, 자주 쓴다
 글을 잘 쓰고 싶으면 자주 써봐야 합니다. 오래 전 어떤 글쓰기 특강에서 유시민 작가가 했던 말이 기억납니다. "사실 글쓰기를 잘하려면 무조건 많이 쓰면 돼요"라는 말입니다. 그런데 아이들은 글쓰기를 잘하고 싶어 하지만 글을 자주 쓰지는 않습니다. 그냥 마음속으로 생각만 합니다. 실제로 꾸준하게 자주 써봐야 조금이라도 글쓰기 실력이 늘 수 있습니다.
 그럼 어떻게 써야 할까요? '프리 라이팅free writing'을 하면 좋습니다. 우리말로는 '내리쓰기'라고도 합니다. 프리 라이팅은 고민하지 않고 본인의 마음 가는 대로 생각나는 대로 쓰는 것입니다. 우리가 흔히 글을 쓸 때 오해하는 것 중 하나가 특정한 주제를 가지고 정형화된 형식대로 써야 한다는 것입니다. 일종의 강박증이 있는 것이죠. 예를 들어, 기행문에는 여정, 견문, 감상이 모두 포함되어야 하고, 논설문은 서론, 본론, 결론의 틀로 써야 하는 것으로 생각합니다. 물론 각 글의 구성요소에 맞춰서 쓰면 좋지만, 일단 ==형식적인 틀에서 벗어나 마음이 내킬 때 생각나는 대로 자유롭게 쓰는 것이 좋습니다.== 아이에게도 항상 책상에 연습장과 펜을 준비해서 언제나 메모하며 글을 쓸 수 있도록 유도해줍니다.

둘째, 다른 사람과 공유한다

자신이 쓴 글을 직접 읽어보면 어떤 생각이 들까요? 대부분 "너무 잘 써서 손을 댈 곳이 없다"는 반응입니다. 자신이 자주 쓰는 표현을 사용해서 쓴 글이기 때문에 어떤 문제나 오류가 있어도 눈에 띄지 않습니다. 그런데 다른 사람이 그 글을 읽으면 이해되지 않는 부분들이 많습니다. 우물 안 개구리처럼 본인이 쓴 글에 계속 만족해하면 글쓰기 실력이 늘지 않습니다. 아이가 쓴 글을 부모님이 읽어보고, 부모님이 쓴 글은 아이에게 읽어보도록 시킵니다. 다른 사람의 글은 훨씬 잘 보이기 마련이니 글쓰기 실력을 향상시키려면 반드시 다른 사람에게 수시로 평가받아야 합니다. 그리고 지적받은 부분을 다시 써보며 보완하는 과정을 거칩니다.

셋째, 자주 읽는다

글을 잘 쓰고 싶으면 자주 읽고 많이 읽어야 합니다. 유홍준 전 문화재청장이 "아는 만큼 보이고, 보이는 만큼 느낀다"는 말을 했는데, 그 말은 글쓰기에도 적용됩니다. 아는 만큼 쓸 수 있고, 쓰는 만큼 느낄 수 있습니다. ==다양한 글을 많이 자주 읽어서 쓸거리가 풍부해야 합니다.== 아이들에게는 평소 폭넓게 책을 읽도록 권해주셔야 합니다. 5가지를 아는 아이와 50가지를 아는 아이는 쓸거리 측면에서 큰 차이가 생길 수밖에 없습니다. 많이 안다고 해서 글을 잘 쓸 수 있는 것은 아니지만, 배경지식이 풍부해야 쓸거리가 많아지고 그것을 연결해서 쓸 수 있습니다.

넷째, 필사한다

필사(筆寫)는 말 그대로 책이나 문서 따위를 베껴 쓰는 것을 말합니다. ==아이에게 책을 읽으며 인상 깊은 구절이나 좋은 글이라고 생각하는 부분을 베껴 쓰도록 알려줍니다.== 아예 아이만의 필사 노트를 만들어주면 더 좋습니다. 그렇게 필사한 글들을 반복해서 읽으며 어떤 상황과 맥락에서 사용하면 좋을지 부모님과 이야기해봅니다. "너라면 이 장면에서 어떤 표현을 썼겠니?", "이 작가는 왜 이렇게 썼을까?" 그 후에 아이가 글을 쓸 때 알맞은 상황에서 인상 깊은 구절의 글들을 떠올려 활용하도록 유도합니다. 다만 인상 깊은 구절을 똑같이 베껴 쓰라는 의미가 아니라 적절하게 자기화해서 표현해야 한다는 점을 강조합니다.

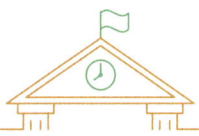

소극적인 아이의
발표력을 높이는 방법

가정에서 소극적인 아이의 발표력을 높이는 방법을 소개합니다. 어렵지 않습니다. 부모님이 휴대폰이나 컴퓨터로 뉴스를 보다가 괜찮은 기사가 있으면 프린트해서 아이에게 제공하고, 그 기사에 대해 아이와 이야기를 나누는 것입니다. 간단하죠? 휴대폰으로 뉴스를 볼 때 하나 더 추가한다고 생각하면 좋습니다.

1단계, 뉴스를 2개 선정해서 A4 1장에 정리해서 준다

많은 사람들이 매일 인터넷 포털 사이트에서 뉴스를 검색해서 봅니다. 연예나 스포츠 기사뿐만 아니라 정치, 경제, 사회, 문화, 과학, 국제 등 본인 관심사에 따라 다양한 뉴스를 볼 것입니다. 부모님이 출퇴근길이나 여유 시간에 뉴스를 볼 때 '아, 이건 우리 아이에게 소개해주면 좋겠구나'라는 기사가 있으면 휴대폰으로 뉴스를 볼 때 공유하기를 눌러서 카카오톡으로 나에게 보냅니다. 매일 아이에게 유익한 뉴스 기사 2개를 골라서 A4 용지에 앞뒤 하나씩 옮겨 붙여서 인쇄를 합니다. 그 후 매일 아이에게 A4 1장의 뉴스를 제공합니다. 분량 자체가 1장이기 때문에 아이도 크게 부담을 갖지 않고 재미있어합니다.

2단계, 1분간 아이와 기사에 대해 이야기한다

아이가 기사를 읽고 난 후에는 본인의 생각과 느낌을 요약해서 1분 정도 이야기하게 합니다. 부모님도 아이의 말을 듣고 의견에 반박하고, 때로는 동의하면서 토론을 해보세요. 초등학교 사회 교과서에서도 다양한 신문기사를 읽기 자료로 제시하는데 예전 기사인 경우가 많습니다. 매일 뉴스에 나오는 요즘 핫한 소식들을 아이에게 제공하면 아이가 뉴스를 친숙하게 접하며 핵심을 파악해서 본인의 의견을 정리해서 말할 수 있습니다.

아이에게 신문기사를 읽히고 자신의 의견을 정리해서 말하게 하면 어떤 효과가 있을까요? 아이가 뉴스 읽기와 토론을 하게 되면 가장 큰 장점은 사회 공부가 쉬워진다는 점입니다. 사회과는 배경지식이 중요한 과목이기 때문에 ==뉴스를 읽으면 풍부한 배경지식을 쌓을 수 있습니다.== 또 아이들에게 다양한 사회 전반의 뉴스를 알려주고 자신의 의견을 정리해서 말하는 기회를 제공하기 때문에 ==발==

재민이의 Daily News	
A4 앞면	A4 뒷면
"가라앉는다" SOS에… 우승 포기하고 라이벌 구한 요트 선수	'길고양이 돌봄' 주민 갈등 늘자… 급식소 마련한 지자체
중앙일보 | 2020.12.03	YTN | 2020.12.05

<mark>표력 및 논리적 사고력 향상에 큰 도움이 됩니다.</mark> 결국 국어과의 말하기 능력과도 직결될 뿐만 아니라, 장차 논술이나 면접 시험 등에도 긍정적인 영향을 끼칠 것입니다.

뉴스 읽기를 할 때 한 가지 주의할 점이 있습니다. 아이에게 제공되는 뉴스 기사를 선별할 때 정치적으로 편향된 내용은 제외해야 합니다. 가능하면 찬반으로 의견이 엇갈리는 논쟁 문제를 다루는 것이 좋습니다. 또한 경제, 사회, 문화, 국제, IT 등 다양한 주제를 다뤄야 폭넓게 사고할 수 있는 기회를 제공할 수 있습니다.

너무 이상적인 이야기여서 실현 불가능하다고 생각하실 수도 있지만, 저는 이미 2020년 5월부터 지금까지 이 방법을 꾸준하게 실천하고 있습니다. 부모님이 약간 번거로우실 수 있습니다. 그런데 어차피 부모님들이 휴식 시간에 휴대폰으로 뉴스를 검색해서 보니까 그때 우리 아이에게 소개할 만한 뉴스를 엄선해서 공유한다는 생각을 하면 됩니다. 직접 해보지 않아서 막연하고 어렵게 느껴지시겠지만, 실제로 해보면 아이가 더 좋아하고 말하는 방법이나 논리력이 향상되는 것을 체감할 수 있습니다.

　이 활동에서 가장 중요한 점은 ==부모님이 우리 아이의 수준을 잘 파악해서 어떤 뉴스를 제공하느냐는 것입니다.== 아이가 뉴스를 읽다가 모르는 어휘가 나오면 국어사전을 찾아보며 그 뜻을 익히기 때문에 풍부한 어휘력도 함께 키울 수 있습니다. 제가 봤을 때는 초등학교 3학년 정도부터는 충분히 "뉴스 이야기 나누기"를 할 수 있습니다. 바로 오늘부터 시도해보시기 바랍니다!

Chapter 2

꼭 알아두면 좋은
생활 지도 방법

나 전달법 vs. 너 전달법

우리가 말을 할 때 '나 자신', 즉 본인을 중심에 두지 않고 자꾸 다른 사람을 중심에 두고 말하는 경우가 있습니다. 이 표현법을 미국의 심리학자 토마스 고든Thomas Cordon은 '너 전달법'이라고 했습니다. 영어로는 'You-Message'입니다. 다른 사람과 의사소통을 할 때 '너'를 주어로 하여 상대방의 행동이나 생각을 평가하거나 비판하는 대화 방식입니다. "너는 항상 ~가 문제야", "너 때문에 일을 망쳤어"라는 식으로 '너'를 중심으로 대화하는 것입니다. 이러한 대화는 타인을 비판하거나 공격하는 느낌을 주어 상대방도 감정적으로 대응하게 만듭니다. 타인이 공격적으로 말하는데 가만히 듣고 있을 사람은 없습니다. '너 전달법'은 상대방 마음에 상처를 주어 원활하고 정상적인 대화를 이어갈 수 없게 만듭니다.

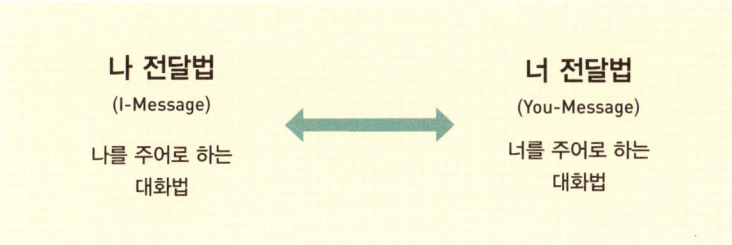

반대로 '나 전달법'은 타인과 의사소통을 할 때 '나'를 주어로 하는 대화법입니다. 상대방의 행동과 그 행동이 나에게 미친 영향을 구체적으로 상대에게 전달하는 표현 방법입니다. 예를 들어, "네가 ~했을 때 나는 마음이 ~했어"라고 대화의 초점을 상대방에게 맞추지 않고 나의 생각이나 마음에 초점을 맞춥니다. 그럼으로써 상대방의 말이나 행동을 비난하지 않으면서 자신의 솔직한 생각과 감정을 전달할 수 있습니다. 초등 도덕 교과서에서는 '나 전달법'이라 하고, 다른 책에는 'I-Message'라고 나옵니다.

'나 전달법'은 사실 가정에서부터 이루어져야 합니다. 많은 가정에서 상대방을 비난하는 '너 전달법', 'You-Message'로 대화를 함으로써 가족관계에서 갈등이 생기고 학교나 사회생활에서도 대인 관계에서 문제를 일으키기도 합니다.

다음에 나오는 표는 초등 도덕 교사용 지도서에서 소개하는 '나 전달법'과 '너 전달법'의 예시입니다. 당연히 '너 전달법'보다는 '나 전달법'이 듣기에도 좋고, 상대방 기분도 덜 상하게 합니다. 물론 현실적으로 아이들이 이렇게 말하는 것은 쉽지 않습니다. 급식실

| 나 전달법 vs 너 전달법 예시 |

상황 1	민규가 뛰어오다가 주하의 급식판을 치는 바람에 국물이 넘쳤다.
너 전달법	(주하는 화가 나서 소리쳤다.) "야, 너 왜 밀어?"
나 전달법	"네가 부딪쳐서 국물이 다 넘쳤구나. 그래서 난 무척 속상해. 다음부터는 부딪치지 않도록 조심하면 좋겠어."

상황 2	규리는 체육 시간에 달리기를 하다가 민수와 부딪쳐서 넘어졌다.
너 전달법	"아얏, 너 때문에 넘어졌잖아."
나 전달법	"넘어져서 난 많이 아프고 창피해. 다음부터는 조심하면 좋겠어."

에서 다른 아이가 뛰어오다가 내 식판을 쳤는데, "네가 부딪쳐서 국물이 다 넘쳤구나. 그래서 난 무척 속상해. 다음부터는 부딪치지 않도록 조심하면 좋겠어"라고 말할 초등학생은 드물 것입니다. 아마 많은 아이들은 똑같이 상대방의 식판을 엎을 수도 있습니다. 현실에서 화가 나고 짜증나는 순간에 '나 전달법'을 사용하기란 어렵습니다. 그럼에도 불구하고, 가정에서 부모님이 먼저 아이에게 말할 때 '나 전달법'을 사용하며 모범을 보이셔야 합니다. 그렇게 해야 아이도 어떤 일이든 남 탓을 하고 문제의 원인을 밖에서 찾는 나쁜 습관을 고칠 수 있습니다.

아이의 자존감을 높이는
5가지 방법

자존심과 자존감의 차이를 아시나요? 우리가 일상생활에서 많이 사용하지만 그 차이를 정확히 모르는 자존심과 자존감에 대해 이야기해보겠습니다.

자존심自尊心을 국어사전에서 찾아보면 '남에게 굽히지 않고 스스로의 가치나 품위를 지키려는 마음'입니다. 자존감自尊感은 '자신을 존중하고 사랑하는 마음'입니다. 즉, ==자존심은 '굽히지 않으려는 의지'를 전제로 하며 항상 비교 대상이 있습니다.== 자존심이 너무 강하면 '열등감'이라는 부작용을 불러일으키기도 합니다. 이에 비해 ==자존감은 자기 자신의 고유한 가치에 관심을 둡니다.== 자존감이 높은 사람은 자신을 인정할 줄 알고, 있는 그대로의 자기 모습을 사랑할 줄 압니다.

요즘 시대에 꼭 필요한 것은 자존심이 아니라 자존감입니다. 다른 사람을 의식하지 않고, 타인과 비교하지 말아야 합니다. 하지만 많은 사람들이 다른 사람을 의식하고 자신은 무능력하다고 생각하며 쉽게 포기하는 경우가 있습니다. 성인뿐만 아니라 아이들도 마찬가지입니다. 미술 시간에 하나의 주제에 대해 그림을 그리라고 하면 어떤 아이들은 아예 시도하지도 않고 금방 포기합니다. 그렇게 포기한 후에는 본인이 짝보다 못 그린다고 생각하면서 화를 내고 짜증을 부립니다. 사실 초등학교 아이들이 그림을 잘 그리면 얼마나 잘 그리고 못 그리면 얼마나 못 그리겠습니까? 대부분의 아이들이 단순하게 표현합니다. 자신의 부족함을 알고 계속 연습하고 그려야 하는데 스스로 다른 아이들과 비교해서 못 그린다고 생각하니까 자존심이 상해서 아예 그림 그리는 것을 포기합니다.

우리 아이 자존감을 높이는 방법에는 어떤 것이 있을까요?

첫째, 아이와 부모가 좋은 관계를 형성해야 한다

아이와 부모님이 평소 원만하고 좋은 관계를 유지해야 아이의 자존감이 향상되고 안정적인 심리 상태가 될 수 있습니다. 이것이 가장 기본 원칙입니다.

둘째, 완벽함을 요구하지 않는다

우리 아이는 아직 초등학생일 뿐입니다. 부모님이 학습이나 생활 측면에서 아이에게 너무 완벽함을 요구하면 오히려 그 압박감에 시달려서 부작용이 생기는 경우가 많습니다.

셋째, 잘하는 것을 칭찬한다

칭찬은 고래도 춤추게 합니다. 아이들은 칭찬에 더 민감합니다. 질책과 꾸중보다는 칭찬을 많이 해주세요. 칭찬에 인색하면 안 됩니다. 아이가 잘하는 것은 아낌없이 칭찬하셔야 합니다.

넷째, 아이가 스스로 생각하고 행동할 수 있게 도와준다

아이들이 스스로 할 수 있는 일은 믿고 맡겨야 합니다. 부모님 입장에서는 만족스럽지 못하고 걱정스럽겠지만 의외로 아이들이 직접 할 수 있는 일이 많습니다. 언제까지 과보호할 수는 없습니다. 아이들은 자기가 맡은 일을 하는 과정에서 스스로 생각하고 행동하면서 조금씩 성장해나갈 것입니다.

다섯째, 폭넓게 생각하고 결과를 예측하게 한다

아이들은 당장 눈에 보이는 것만 생각하고, 앞으로 어떤 일이 벌어질지 예견하지 못합니다. 초등학생이니 그럴 수밖에 없습니다. 어떤 행동의 결과가 딱 한 가지인 것은 아니고, 다양한 결과가 도출될 수 있습니다. 아이에게 브레인스토밍brainstorming을 통해 폭넓게 사고하고 결과를 예상하는 습관을 갖도록 알려줍니다.

선생님은 부모님의
부부싸움을 다 알고 있습니다

혹시 집에서 부부싸움을 자주 하시나요? 가급적 아이 앞에서는 부부싸움을 하지 마시기 바랍니다. 아니, 절대 하지 마세요. 어느 날 3학년 저희 반 아이들이 주간 과제인 일기를 제출해서 읽어봤습니다. 아이들의 일기를 읽고 간단하게 담임 선생님의 글을 남기는데, 두 아이의 일기에서 비슷한 내용이 나왔습니다. 바로 '부모님의 부부싸움'입니다.

한 명은 차를 타고 이동하는 중에 부모님이 싸워서 뒷좌석에서 동생과 함께 울었다는 내용이었고, 다른 한 명은 부모님이 거실에서 큰 소리로 싸워서 자기 방으로 들어가 울었다는 내용이었습니다. 방문 틈으로 부모님이 무슨 이야기를 나누는지 엿들으며, '혹시 나 때문에 싸우는 건 아닌지, 다음에 부모님이 또 싸우게 되면 그

때는 싸우지 마시라'고 말려야겠다는 다짐까지 쓰여 있었습니다.

　부부간에 얼마든지 싸울 수 있습니다. 요즘에는 아내와 별로 싸우지 않지만 저도 예전에는 많이 싸웠습니다. 30년 가까이 다른 환경에서 살아온 남녀가 함께 산다는 것은 결코 만만한 일이 아닙니다. 사람의 성향과 개성이 전부 다르기 때문에 서로 맞추면서 살기 어렵습니다. "누가 얼마나 참고 내려놓느냐?", 그것이 관건입니다.

　언젠가 한 아이가 일기에 부모님의 싸움에 대해서 썼는데 그 내용이 아주 충격적이었습니다. 아빠가 술을 먹고 엄마와 싸우다가 엄마에게 소주병을 던졌다는 내용입니다. 아이가 거실에서 소주병이 깨지는 광경을 그대로 본 것입니다. 아이와 동생은 벌벌 떨면서 방으로 들어가서 둘이 부둥켜안고 울었다고 합니다.

　아이 앞에서의 부부싸움은 아이에게 너무나 안 좋은 영향을 미칩니다. 부모가 큰 소리로 욕하거나 싸우는 것은 일종의 아동학대입니다. 아이에게 부모는 가장 큰 우주이자 이 세상의 전부입니다. 부모님이 싸우면 세상이 흔들리는 것과 같은 심한 충격을 받을 수밖에 없습니다. 혹시 '나 때문에 부모님이 싸우는 건 아닐까?'라는 죄책감을 느낄 수도 있습니다. 아이 앞에서 부모님이 자주 싸움을 하면 아이는 심할 경우 소아 우울증에 걸릴 수도 있습니다. 부모님의 싸움을 본 아이들은 상당한 정신적 외상, 즉 트라우마$_{trauma}$가 생기게 됩니다. 이렇게 되면 아이는 자연스럽게 부모님의 눈치를 보고 위축되며 소심해질 수밖에 없습니다.

　아이들에게 부모는 가장 기본적인 본보기 대상입니다. 부모님의 싸움이 너무나 두렵고 무섭지만 나중에 아이가 성인이 되어서 그토록 싫어했던 부모님의 싸우는 모습을 본인도 모르게 모방할 수 있습니다. 즉, ==무슨 문제가 발생할 때 싸움으로 해결하려는 경향이 강해진다는 이야기입니다.== 나중에 성인이 되어 자신의 친구, 배우자, 아이에게도 똑같이 험악한 말과 폭력적인 행동을 하는 것입니다.

불가피하게 아이 앞에서 싸울 경우에는 너 때문에 다투는 것이 아니라는 점을 분명하게 이야기해주세요. 또는 아이가 잠든 후 밤에 싸우거나 아이가 없는 장소에서 싸워야 합니다. 그것이 바로 '부부 생활의 지혜'입니다. 그리고 나중에라도 아이 앞에서 부부가 서로 화해하는 모습을 보여야 합니다. '가화만사성家和萬事成'이라는 흔한 말을 인용하지 않더라도 부모가 행복하면 아이 역시 행복합니다!

혹시 가정에서
체벌을 하십니까?

혹시 아이가 심하게 말을 듣지 않을 때, 또는 큰 잘못을 했을 때 체벌을 하시나요? 체벌體罰을 국어사전에서 찾아보면, "고통이 몸에 직접 느껴지도록 벌을 줌"이라는 뜻입니다. 최근 아동학대 뉴스가 많이 나오고 있는데, 보통 아동학대의 가해자는 대부분 친부모이며 발생 장소의 80%는 가정이라고 합니다.

가만히 보면, <mark>부모님들이 생활 속에서 하는 행동이 아동학대라고 인지하지 못하는 경우가 많습니다.</mark> 훈육訓育과 체벌體罰은 엄연히 다릅니다. 훈육은 아이가 공동체 안에서 올바르게 다른 사람과 더불어 살아가는 방법을 가르치는 것이지만, 체벌은 '폭력'일 뿐입니다. 참고로, 부모의 자녀 징계를 인정하는 조항을 삭제해 체벌을 금지하는 민법 개정안, 이른바 자녀체벌금지법이 2021년 1월 국회에서 통과되었습니다.

우리나라에서 교사의 체벌은 불법입니다. 체벌뿐만 아니라 벌을 주거나 언어폭력을 하는 것도 철저하게 금지합니다. 가정에서의 체벌 역시 정도가 심할 경우 가정폭력으로 처벌받고 있는 추세입니다.

저는 체벌은 안 된다고 생각합니다. 아이에게 체벌을 하지 않고도 충분히 교육이 가능하기 때문이죠. 부모님 중에는 체벌을 하면 효과가 빨리 나타난다고 생각하는 분들이 있습니다. 폭력적인 수단을 사용하니까 아이가 금방 말을 듣는 것처럼 보이거든요. 하지만 어떤 이유로도 폭력은 정당화될 수 없습니다. 아무리 내 자식이더라도 개별적인 인격을 가진 소중한 존재입니다. ==아이를 때려야만 교육이 된다는 생각 자체가 틀린 것입니다.== 어릴 때부터 맞고 자란 아이들에게 체벌은 심각한 트라우마로 남을 수 있고, 맞고 자란 아이들은 폭력적인 성향을 보이기 쉽습니다. 본인이 부모에게 맞은 기억을 잊지 못하고 너무 싫어하지만, 그 영향을 받아서 성인이 되어 친구나 배우자, 자신의 아이에게 폭력을 행사할 수 있습니다.

폭력의 대물림, 너무 무서운 일이지 않습니까? 대부분 어릴 때 맞고 자란 아이가 본인이 크면 절대 때리지 않겠다고 다짐하지만 자식을 때리는 경우가 많습니다. 왜 그럴까요? 그 이유는 자식과의 관계에서 문제가 생길 때 자신의 부모님이 다른 해결책을 보여주지 못하고 자신을 때리는 방법으로 해결했기 때문입니다. ==내 아이가 말을 안 듣고 대들 때 어떻게 대처해야 하는지 배우고 노력하는==

과정을 어릴 때 부모님에게서 배우지 못했던 것입니다.

폭력에 의지하지 않고 아이를 훈육하는 방법을 고민하는 것은 부모의 몫입니다. 말을 듣지 않고 당장의 가시적인 효과가 나타나지 않더라도 계속 인내심을 가지고 아이와 이야기해야 합니다.

체벌은 때리는 부모도 맞는 아이에게도 너무 큰 상처로 남습니다. 체벌 외의 훈육 수단이 뭐가 될 수 있을까의 질문은 가정마다 아이마다 상황이 다르기 때문에 공통적인 대안은 없습니다. 쉽지 않겠지만 끊임없이 대화하고 인내하며 부모로서 모범을 보이는 것이, 힘들지만 부모로서 가야 할 길입니다.

아이들의 자조 능력, 꼭 키워주세요

'자조 능력自助能力'이란 자신이 할 일을 스스로 해결할 수 있는 능력을 말합니다. 즉, 각자 나이에 맞는 것을 스스로 할 수 있는 능력이죠. 초등 저학년들에게 필요한 자조 능력으로는 수업 시간에 자리에 앉기, 화장실 가고 싶다는 의사 표현하기, 용변 처리하기, 줄 서서 기다리기 등이 있습니다. 줄을 서서 도서관이나 급식실, 체육관 등으로 이동하는 일이 많으므로 차례 지키기도 해야 합니다.

요즘 아이들은 자조 능력을 갖추지 못한 경우가 많습니다. 가장 대표적으로 저학년들의 경우 젓가락질을 못하는 아이들이 많습니다. 아이들이 어린이집이나 유치원 때까지는 젓가락질을 못해도 큰 불편이 없습니다. 포크를 사용하기도 하고, 숟가락으로 반찬을 먹기도 하며, 급할 경우 손으로 급식을 먹기도 하니까요. 그럴 경우 선생님들이 물티슈로 아이들 손을 닦아주며 세심하게 챙겨줍니다. 하지만 초등학교에서는 아이들 스스로 급식을 먹어야 합니다.

저학년 아이들이 제대로 하지 못하는 일로 우유갑 여는 것도 있습니다. 초등학교에서는 우유 급식을 희망하는 아이들이 신청해서 먹습니다. 우유 급식은 신청했는데 정작 아이 스스로 우유갑을 열지 못합니다. 그럼 그 우유는 어떻게 할까요? 종종 친구에게 부탁해서 친구가 열어주면 먹고, 아니면 다른 아이를 주는 경우도 많습니다. 또 의외로 생수 뚜껑을 열지 못하는 아이들도 많습니다. 힘이 없어서라기보다는 직접 해보지 않아서 못하는 것입니다. 저학년이나 일부 중학년 아이들의 경우에는 남방의 단추 채우기나 점퍼의 지퍼 채우기도 스스로 못해서 선생님에게 해달라는 경우가 있습니다.

초등 고학년들이라고 다를까요? 고학년들이 제대로 하지 못하는 대표적인 일에는 신발끈 묶기가 있습니다. 왜 이렇게 아이들의 신발끈은 자주 풀리는지 모르겠습니다. 아마 처음부터 튼튼하게 묶지 않아서 그럴 것입니다. 체육이나 다른 활동 시간에 신발끈이 풀리면 아이들이 끈을 묶지 못해서 끈이 풀어진 채로 활동하거나 주변에 부탁합니다. 초반에는 선생님이 묶어주며 신발끈 묶는 법을 알려줍니다. 그런데 금방 또 풀립니다. 줄넘기를 할 때 끈 조절하는 것도 아이들이 어려워합니다. 줄넘기의 양쪽 손잡이에 끈의 길이를 조절할 수 있는 부분이 있는데 그걸 조절하기 어려워서 끈이 본인에게 맞지 않아도 그냥 하는 경우가 있습니다.

똑똑한 요즘 아이들이 왜 이렇게 스스로 못하는 게 많을까요? 뻔한 답이지만 ==부모님들이 집에서 사소한 모든 것까지 다 해주기 때문입니다.== 예를 들어, 아이에게 우유를 줄 때도 우유갑을 뜯어서 주거나 컵에 따라줍니다. 아이가 부탁하지 않았는데도 자연스럽게 캔 음료 뚜껑을 따서 주고, 옷도 입혀주며, 아이의 신발끈도 미리 매어줍니다. 결과적으로 아이는 전부 준비된 상태의 일을 하는 것 밖에 없습니다.

우리 아이들의 자조 능력, 어떻게 키울 수 있을까요?

첫째, 부모님이 "내가 해줄게"라는 말을 줄인다

부모님이 도와주고 싶은 마음을 잠시 참으세요. 사실 아이들은 호기심이 많고, 많은 일을 스스로 하고 싶어 합니다. 어머니들이 요리를 하고 있으면 옆에 와서 "엄마, 지금 뭐 하는 거예요? 그거 내가 해 봐도 돼요?"라고 묻는 경우가 많습니다. 어떤 어머니들은 "그래, 우리 지욱이가 계란 푸는 것을 해보고 싶구나. 어디 해봐"라고 대답하며 아이에게 기회를 줍니다. 반면, 어떤 어머니들은 "저리 가. 괜히 네가 하다가 흘리거나 망치면 어쩌려고" 등의 반응을 보입니다. 뒤처리가 조금 귀찮더라도 아이에게 해볼 수 있는 기회를 주세요.

둘째, 아이가 힘들어하거나 도움을 요청할 때만 개입한다

아이가 옷을 입을 때 남방의 단추를 스스로 채우도록 합니다. 단추의 순서를 바꿔서 끼울 수도 있습니다. 다시 끼우면 됩니다. 생수병이나 캔 음료 뚜껑 따는 것은 위험하지도 않고, 아이들이 충분히 스스로 할 수 있습니다. 굳이 부모님이 직접 해줄 필요는 없습니다. 아이들에게 특별한 교육을 시키고 학원을 보내는 것보다 일상생활에서 작고 사소한 일들이라도 아이가 스스로 할 수 있도록 기회를 주는 것이 훨씬 효과적인 교육입니다.

셋째, 부모님이 먼저 구체적인 시범을 보인다

운동화 끈을 맨다거나 줄넘기 줄을 조절하는 것은 한 번 봐서는 잘 모릅니다. 아마 초등 고학년들도 쉽게 하지 못할 것 같습니다. 부모님이 아이 앞에서 시범을 보이면서 천천히 정확하게 설명하셔야 합니다. 보통 아이들은 모방을 잘하고 직접 하려고 합니다. 물론 처음부터 잘 따라 하지는 못합니다. 아이가 잘 못한다고 해서 너무 화내거나 짜증을 내지 마시고 천천히 반복해서 알려주시면 됩니다.

넷째, 시간적인 여유를 충분히 준다

아이에게 해보라고 하고 나서 재촉하는 부모님이 있습니다. 부모님이 마음의 여유를 가지고, 아이가 직접 할 수 있는 충분한 시간을 주는 것이 중요합니다. 물론 매 순간 그렇게 시간적 여유를 줄 수는 없겠지요. 주말에 급하게 가족 외출을 해야 하는데 아이가 신발끈을 매지 못해서 허둥대고 있으면, 그때는 적절하게 부모님이 개입해서 도와주셔야 합니다. 어른의 눈높이에서 아이의 행동을 보면 이해가 안 되고 화가 날 수 있지만, 마음의 여유를 가지고 우리 아이가 경험을 쌓는 소중한 기회라고 생각하며 잠시 참고 마음을 내려놓으셔야 합니다.

아이들에게 하면
좋은 4가지 말

우리 아이들에게 자주 하면 좋은 4가지 말을 소개합니다.

첫째, "엄마·아빠는 너를 정말 사랑해"

아이들에게 애정 표현을 자주 하는 것이 좋습니다. 특히 어릴 때부터 "사랑한다"는 말을 자주 해서 아이에게 본인이 부모님으로부터 사랑받고 있다는 확신을 심어줘야 합니다. 그것이 바로 자존감 상승의 바탕이 됩니다. "사랑한다"는 말은 꼭 남녀 간에만 하는 것이 아니라 부모와 자식 간에, 형제와 자매 사이에서도 할 수 있습니다.

"사랑한다"는 말을 하면서 자연스럽게 스킨십을 해줍니다. 아이는 부모와의 스킨십을 통해 안정감을 느끼며, 부모와 자식 간의 애정이 더욱 깊어질 수 있습니다. 하루에 한 번씩 우리 아이를 꼬옥 안아주며 사랑한다고 이야기해주세요. 초등학교 때는 안 하다가 갑자기 중학생이나 고등학생에게 하려고 하면 그때는 이미 늦습니다. 지금 하고 계시다면 꾸준하게 계속해주시고, 하고 있지 않다면 바로 오늘부터라도 실천하시기 바랍니다.

둘째, "오늘 어떤 즐거운 일이 있었니?"

아이와 대화를 자주 많이 하면 좋다는 것은 누구나 인정합니다. 그런데 어떤 주제를 가지고 이야기하면 좋을까요? 가장 좋은 이야기 소재는 아이의 평범한 일상에 대한 것입니다. 어떤 특별한 주제를 가지고 이야기하려면 소재가 제한적일 수밖에 없습니다. 아이들의 일상은 뻔하고 특별히 무슨 일이 있기 쉽지 않기 때문입니다. <mark>반복되는 평범한 일상 속에서 우리 아이에게 어떤 즐거운 일이 있었는지를 묻고, 아이의 이야기에 귀 기울여주세요.</mark> 아이의 이야기를 들으면서 적절한 반응을 보이고 추임새를 넣어주세요. 부모님도 오늘 하루 어떤 일이 즐거웠는지 함께 이야기를 나누셔야 합니다. 매번 아이에게만 취조하듯 묻게 되면 아이는 대화에 부담을 느끼게 됩니다. 아이의 단원평가 점수나 수행평가 결과에 관심이 많겠지만, 그런 것보다는 아이의 평범한 일상에 관심을 갖고 매일 짧게라도 대화하시기 바랍니다.

셋째, "괜찮아, 넌 할 수 있어"

아이가 무슨 일이든 용기를 가지고 도전할 수 있게 항상 격려하는 말씀을 해주세요. 사람은 누구나 낯선 것을 꺼리고 실패를 두려워합니다. 특히 요즘 아이들은 해보지도 않고, 겁을 먹고 아예 안 하려는 경향이 있습니다. 살아가면서 언제나 모든 일이 잘되거나 뜻대로 풀리지는 않습니다. 못한다고, 틀렸다고 꾸짖기보다는 격려하는 애정 어린 말 한마디가 중요합니다. 항상 아이의 도전을 응원하고 힘을 북돋아준다면 아이는 부모의 따뜻한 말에 자신감을 얻고, 스스로를 믿으며 어떤 일을 하더라도 끝까지 최선을 다할 것입니다.

넷째, "하루에 한 번 네 주변을 둘러봐"

요즘 아이들은 정말 바쁩니다. 학교 수업이 끝나면 학교 앞에 기다리는 학원 버스를 타고 각종 학원을 순회합니다. 학교에서 진행되는 방과후 수업을 듣기도 합니다. 부모님 세대와 달리 요즘 아이들은 워낙 바빠서 주변을 둘러볼 여유가 없습니다. 사계절의 변화를 느끼며, 가끔 하늘빛도 볼 수 있어야 합니다. 주말에 일부러라도 집 근처 산에 가거나 공원에 가서 아이들이 자연을 느낄 수 있는 기회를 제공해주시기 바랍니다. 늘 자연의 소중함을 몸으로 느끼고 주변의 자연 현상을 관찰하는 아이들은 생각이 깊어지고 정서적으로도 안정감을 가질 수 있습니다.

PART 3

학부모가
가장 알고 싶어 하는
학년별 준비와 방학 활용법

처음에는 우리가 습관을 만들지만
그 다음에는 습관이 우리를 만든다.
(We first make our habits, and then our habits make us.)

— 존 드라이든(John Dryden, 영국의 시인)

Chapter 1

새 학년,
어떻게 준비하고
무엇을 알아야
할까요?

슬기로운 1학년 준비

매년 3월 초등학교에 입학하는 자녀를 둔 학부모님들은 걱정이 이만저만 아닐 것입니다. 무엇을, 어떻게, 어디까지 준비해야 하는지 가늠이 되지 않을 테니까요. 하지만 너무 걱정하실 필요 없습니다. 초등학교 입학 전에 부모님과 우리 아이들이 준비해야 할 것을 크게 교과 측면과 생활 측면으로 구분해서 자세하게 알려드립니다.

교과 준비사항

첫째, 국어

초등학교 1학년 교과목은 《국어》,《수학》,《통합교과(봄, 여름, 가을, 겨울)》입니다. 국어는 말하기, 듣기, 읽기, 쓰기, 문법, 문학 등 6가지 영역이 있습니다. 이 영역들 중에서 ==초등 1학년에서는 읽기와 쓰기가 중요합니다. 가능하면 입학 전에 한글을 깨우치는 것이 좋습니다.== 꼭 학원을 다니며 사교육을 받아서 한글 교육을 미리 하라는 말씀이 아닙니다. 가정에서도 얼마든지 부모님이 한글 교육을 시킬 수 있습니다. 최소한 한글을 읽고 어느 정도 쓸 수 있을 정도가 되고서 입학해야 교과서를 읽을 수 있기 때문에 한글을 미리 아는 것이 중요합니다. 1학기 후반부터는 그림일기를 써야 하는 경우도 있습니다.

한글 교육 다음으로는 ==독서 교육이 필요합니다.== 초등 입학 전에 책을 읽는 습관을 갖는 것은 너무나 중요합니다. 혹시 아이가 독서 습관이 잡히지 않았다는 생각이 들면 아이에게 책을 강요하지 마시고, 아이와 함께 서점에 가서 아이가 읽고 싶은 책을 직접 고르게 하세요. 그리고 아이가 읽은 책의 내용을 엄마나 아빠에게 말해달라고 하면 좋습니다. 1학년 때부터 독서 기록장을 써야 한다며 부담을 줄 필요는 없습니다. 주말에도 시간을 내어 아이와 함께 집에서 책을 보는 환경을 만들면 독서 습관 형성에 도움이 됩니다.

둘째, 수학

저학년 수학에서 가장 중요한 곱셈구구(구구단)는 2학년 때 배웁니다. 1학년 때는 굳이 구구단을 외우라고 시키면서 아이에게 스트레스를 줄 필요가 없습니다. 최소한의 기본적인 숫자 읽기와 한

자릿수 덧셈, 뺄셈 정도만 할 수 있으면 충분합니다.

셋째, 통합교과(봄, 여름, 가을, 겨울)

통합교과는 예전의 《바른생활》, 《슬기로운 생활》, 《즐거운 생활》의 명칭이 바뀐 것입니다. 3학년부터는 교과목이 세분되는데, 1~2학년 저학년 때는 통합교과로 《봄, 여름, 가을, 겨울》을 배우는 것입니다. 세부 내용으로 사회, 과학, 음악, 미술, 체육을 배우는데, 특히 음악, 미술, 체육의 비중이 큽니다. 통합교과는 굳이 따로 공부할 필요는 없고, 대부분 활동 중심이어서 아이들이 국어나 수학보다 훨씬 집중해서 듣고 재미있어합니다.

생활 준비사항

첫째, 자리에 앉기

1학년 때는 보통 4~5교시 수업을 합니다. 일반적으로 점심 급식까지 먹고 하교하며, 학교에서 돌봄 교실에 있거나 방과후 활동을 하기도 합니다. 초등학교의 1교시 수업 시간은 40분이며, 쉬는 시간은 10분입니다. 유치원이나 어린이집에서는 아이들이 선생님 주변에 자유롭게 앉아서 이야기를 듣고 활동하는 수업이 많았다면, 초등학교에서는 대부분 지정된 자기 자리에 앉아서 수업이 진행됩니다. 최소한 40분의 수업 시간 동안 아이가 바르게 앉아 있어야 합니다. 집, 도서관 등에서 책을 보거나 공부를 할 때 아이가 오랜 시간 앉아 있을 수 있는지 반드시 확인해야 합니다.

둘째, 혼자서 똥 잘 싸기

수업 중 대소변이 급하면 선생님께 이야기하고 다녀올 수 있어야 하고, 혼자서 대변을 본 후 깔끔하게 뒤처리까지 할 수 있어야 합니다. 변비가 있는 아이들이 많이 있고, 간혹 1학년 아이들이 학교 수업 시간 중에 옷에 똥을 싸는 경우가 있습니다. 이럴 때는 아이도 난감하고 교사도 참 난처합니다. 집이 아닌 다른 곳에서도 볼 일을 볼 수 있도록 차근차근 훈련시키는 것이 필요합니다.

셋째, 젓가락질 연습하기

초등학교에 입학한 후에는 다른 사람의 도움 없이 급식을 먹어야 하고, 교실에서는 포크를 사용할 수 없으므로 혼자서 젓가락질을 할 수 있어야 합니다. 학교 급식에서는 모든 학년 아이들이 성인용 젓가락을 사용하므로 집에서 미리 충분히 연습해야 합니다. 집에서도 유아용이 아니라 성인용 젓가락을 사용하는 습관을 가져야 합니다.

넷째, 본인 물건 챙기기

공책, 연필, 크레파스, 색연필 등 모든 물건에 아이의 이름을 직접 쓰게 하거나 이름표를 붙여줘야 하고, 자기 물건을 소중하게 생각하며 챙기도록 교육해야 합니다. 학교에서 아이들이 물건을 분실하는 경우가 너무 많습니다. 아이가 물건을 잃어버릴 때마다 새로 사주기보다는 찾아보도록 시키고, 내 물건은 내가 스스로 챙겨야 한다는 점을 수시로 강조해야 합니다.

다섯째, 수영은 미리미리 배우기

초등학교에서는 "생존 수영 교육"을 합니다. 아이들이 혹시 물에 빠지거나 위급 상황에서 최소한 생존할 수 있도록 전국 모든 학교에서 실시 중입니다. 2019년에는 3~6학년까지 실시했고, 2020년에는 전 학년으로 확대 실시할 예정이었는데 코로나19로 인해 대부분의 생존 수영 교육이 취소되었습니다. 앞으로는 1학년들도 생존 수영 교육을 필수로 받아야 합니다. 수영 교육을 미리 받게 되면 아이들의 자신감을 높이는 데도 도움이 되고, 6학년 졸업할 때까지 매년 계속 하기 때문에 미리 수영을 배워둘 가치가 충분히 있습니다. 굳이 접영이나 평영까지 시키지 않아도 됩니다. 최소한 물에 뜰 수 있고 자유형 정도만 배워도 충분합니다.

여섯째, 아침밥은 꼭 먹고 오기

초등학교에서는 유치원과 달리 중간에 간식 시간이 따로 없습니다. 12시 정도가 되어야 급식 시간이니 아침을 든든히 먹고 오도록 해주세요. 아이들은 학교에서 왕성한 활동을 하기 때문에 금방 배고파합니다. 시리얼이나 콘플레이크, 쨈 바른 식빵, 핫도그, 수프,

죽, 떡, 고구마, 감자 등을 간편 아침 식사로 추천합니다.

일곱째, 스마트폰은 최대한 멀리하기

스마트폰의 문제점과 해로움에 대해서는 이미 많은 연구 결과가 있습니다. 스마트폰 구입이나 사용 여부에 교사가 관여할 수는 없지만 어린 학생들에게 스마트폰 사용은 장점보다 단점이 많은 것이 분명합니다. 우리 아이들에게 스마트폰보다 책을 가까이 접할 수 있는 환경을 만들어주셔야 합니다.

슬기로운 2학년 준비

 사실 초등 2학년은 크게 어려운 점이 없습니다. 학교 선생님들도 담임 맡기를 선호하는 학년이 보통 2학년입니다. 1학년은 너무 어리고 유치원생처럼 하나하나 다 알려줘야 하는 반면, 2학년은 이미 1년 동안 학교생활을 해봐서 말귀를 조금 알아듣습니다. 초등 2학년으로 올라갈 때 무엇을 준비해야 하는지 말씀드리겠습니다.

교과 준비사항

첫째, 국어

2학년에서 배우는 교과목은 《국어》, 《수학》, 《통합교과(봄, 여름,

가을, 겨울)》로 1학년과 동일합니다. 국어의 경우 교과서의 내용이 쉽고 글씨도 큼직큼직합니다. 보통 2학년 때부터 받아쓰기를 하는 경우가 많아서 아이들이 한글을 정확하게 알고 있는지 꼭 확인해야 합니다. 받아쓰기를 어떻게 준비시켜야 하는지 걱정하는 부모님들이 많은데, 너무 걱정하시지 않아도 됩니다. 받아쓰기에 대비해서 선생님들이 국어 각 단원에서 중요한 문장을 미리 만들어 코팅해서 배부하는 편입니다.

1학년 때 그림일기를 썼다면, 2학년 때부터는 본격적으로 일기를 써야 합니다. 1학년 겨울방학 때부터는 일기 쓰는 것을 습관화하는 것도 좋습니다. 일기 쓰기는 아이들의 글쓰기 능력을 자연스럽게 키울 수 있는 좋은 방법입니다.

둘째, 수학

수학의 2학기 2단원이 바로 '곱셈구구', 즉 '구구단'입니다. 아예 단원명이 곱셈구구일 정도로 중요해서 아이들이 구구단을 완벽하게 외울 수 있어야 합니다. 저학년 수학에서 가장 중요한 것이 곱셈구구입니다. 구구단은 방학 때 미리 외워도 괜찮습니다.

2학기 수학 4단원은 「시각과 시간」으로, 여기서 몇 시 몇 분인지 시계 읽는 방법을 배우게 됩니다. 따라서 2학년 아이들은 바늘 시계를 보고 시간을 읽을 줄 알아야 합니다. 대부분의 학교 교실에는 전자 시계보다 바늘 시계가 있기 때문에 우리 아이가 시계를 제대로 볼 수 있는지도 확인하셔야 합니다.

셋째, 통합교과

통합교과인 《봄, 여름, 가을, 겨울》은 특별히 어렵거나 대비할 내용이 없습니다. 1학년 때처럼 놀이 중심의 수업이 계속됩니다. 리코더를 부는 경우도 있는데, 미리 선행할 필요는 없고 학교 교육과정을 따라가면 충분히 불 수 있게 알려줍니다.

생활 준비사항

첫째, 받아쓰기로 자신감 키우기

보통 2학년은 1학년보다 일주일에 1시간 수업을 더 하거나 비슷한 수준입니다. 즉, 수업 시수가 많지 않습니다. 보통 4교시나 5교시 끝나고 점심 급식 후 하교하거나 방과후 교실이나 학원에 가는 편입니다.

==2학년 아이들은 다른 사람들의 시선을 의식하기 시작하며, 칭찬받고 인정받기를 원합니다.== 그런 점에서 받아쓰기를 잘하는 것이 중요합니다. 아이들은 다른 친구가 몇 점 맞았는지 아주 궁금해합니다. 그런데 초반에는 이렇게 점수에 신경을 쓰다가도 어느 순간이 되면 받아쓰기를 많이 틀리는 아이는 본인 스스로 포기합니다. 그냥 자기 자신을 내려놓는 것입니다. '나는 원래 받아쓰기 많이 틀려'라고 생각하는 거지요. 2학년 때부터 아이 스스로 부정적인 자기 인식을 갖게 할 필요는 없습니다. 2학년 아이들의 자신감

의 근원인 받아쓰기를 잘할 수 있도록 꼭 신경 써 주세요.

둘째, 아이의 친구들 파악하기

2학년부터는 친한 아이들이 생기고, 본인과 맞지 않는 아이들도 생기기 마련입니다. 우리 아이가 친하게 지내는 친구는 누구이며, 왜 친하게 지내는지, 우리 아이와 잘 맞지 않는 아이는 누구인지 등을 평소 대화를 자주 해서 파악하고 계셔야 합니다.

셋째, 결과보다는 과정을 칭찬해주기

부모님은 아이가 잘한 행동을 칭찬해주시고, 그렇지 않은 행동을 했을 때는 무턱대고 혼내는 것이 아니라 그 이유를 구체적으로 설명해주셔야 합니다. 칭찬하실 때도 결과보다는 과정에 초점을 두셔야 합니다. "야, 지훈이가 받아쓰기 100점 받았네. 잘했어." 보다는 "어제 엄마랑 연습 많이 하고 가더니 100점 받았구나. 정말 멋진걸!" 이렇게 칭찬해주셔야 합니다. 그래야 아이들은 결과에 연연하지 않고 과정에 충실하려고 노력하게 됩니다.

슬기로운 3학년 준비

초등 3학년 새학기를 맞아 어떻게 준비하고 무엇을 해야 하는지를 교과 측면과 생활 측면에서 살펴보겠습니다.

교과 준비사항

첫째, 국어

3학년이 되면, 하교 시간이 1~2학년보다 늦습니다. 보통 3~4학년 때는 5교시 수업을 하고, 배워야 하는 과목도 《국어》, 《수학》, 《사회》, 《과학》, 《도덕》, 《음악》, 《미술》, 《체육》, 《영어》로 총 9개가 됩니다. 영어를 제외하고는 다들 1~2학년 때 배운 내용들이어서 어렵거나 생소하지는 않습니다.

3학년 1학기 때는 「문단의 짜임」, 「알맞은 높임 표현」 같은 내용이 나오고, 7단원 「반갑다, 국어사전」에서는 국어사전 활용법을 배웁니다. 따라서 아이들이 ==국어사전에서 낱말을 찾을 수 있어야 합니다.== 국어사전은 고학년 때도 사용하니 가정에 한 권씩 구비해두는 것이 좋습니다. 물론 대부분의 학교에서 도서관에 있는 국어사전을 이용해서 자세하게 사용법을 지도합니다. 2학년 때처럼 계속 독서와 일기 쓰기, 글쓰기를 강조하시면 됩니다.

둘째, 수학

수학은 3학년 때 나눗셈이 처음 나옵니다. 1~2학기 1개 단원씩 나오는데, 아이들이 특히 나눗셈을 어려워합니다. 수학은 계열성이 강한 과목이어서 지금 배우는 내용을 모르면 학년이 올라가서도 어려움을 겪게 됩니다. ==2학년 때는 구구단, 3학년 때는 나눗셈을 정확하게 알고 있는 것이 중요합니다.== 또한 3학년 수학에서는 1~2학기 모두 6개 단원씩 배우는데, 그중 절반 이상이 연산 영역입니다. 평소 연산을 꾸준히 연습하게 해야 합니다.

셋째, 영어

영어를 정규 교과로 처음 배우는 시기가 3학년입니다. 영어는 검정 교과서로 배우는데, 학교마다 교과서가 다르지만 큰 구성은 비슷합니다. 대부분 1단원에서는 간단한 인사와 자기소개 표현을 배웁니다. 3~4학년 때는 학교에서 영어를 일주일에 2시간씩 배우는데, 최소한 아이들이 알파벳 대소문자는 2학년 겨울방학 때 쓸 수 있어야 합니다. 학기가 시작되면 학교에서 배우는 단어와 간단한 문장을 매주 5개 정도씩 외우면 좋습니다. 담임 선생님에 따라 영어 단어 시험을 보는 경우도 있습니다. 영어를 잘하려면 많이 듣고, 많이 따라 말하고, 소리 내서 많이 읽어 보는 것이 좋습니다.

넷째, 그 외 과목

과학 과목은 실험과 탐구 활동이 대부분이고, 사회 과목은 아이들이 우리 고장에 대해 알아보는 내용으로 크게 어렵지 않습니다. 국어는 국어활동, 수학은 수학익힘, 과학은 실험관찰, 사회는 우리 지역이라는 보조교과서가 있는데, 선생님에 따라서 적극적으로 활용하는 경우도 있고 그렇지 않은 경우도 있으니 크게 신경 쓰지 않으셔도 됩니다.

생활 준비사항

첫째, 아이의 친구 파악하기 & 적절한 용돈 주기

3학년 때부터 아이들에게 또래 집단과 친구가 중요하게 작용합니다. 단짝 친구가 생기고, 친구와의 갈등이 나타나기도 하죠. 평소 아이들과 대화를 많이 해서 친구관계에 대해서도 파악하고 계셔야 합니다.

아이들이 3학년부터 용돈을 가지고 다니는 경우가 많습니다. 아이들이 돈의 개념을 인식했을 때 일주일에 어느 정도 용돈을 주는 것은 필요하다고 생각합니다. ==대신 아이들에게 돈의 가치와 소중함에 대해서 꼭 교육시켜주세요.== 간혹 맞벌이 부모님들이 아이를 잘 보살피지 못한다는 생각으로 용돈을 많이 주시는 경우도 있는데, 오히려 역효과가 생길 수도 있습니다. 아이가 돈으로 친구들에게 환심을 사려고 하는 경우도 있습니다.

둘째, 배려심 교육하기

3학년이 되면 특히 남자아이들은 움직임 욕구가 아주 강합니다. 10분이라는 짧은 쉬는 시간에라도 놀려고 운동장에 공을 가지고 나가는 아이들은 대부분 3학년입니다. 여자아이들은 단짝 친구와 어울려 교실에서 보드게임을 하고 주로 그림을 그립니다.

아이들이 규칙을 잘 지키고, 다른 사람을 배려하는 마음을 갖도록 지도하면 좋습니다. 다른 친구와 놀 때 무조건 이기려고 떼를 쓰거나 우기는 아이들이 간혹 있기 때문입니다. 1~2학년 때는 학교에서도 저학년이라 아이들이 잘못을 해도 그냥 넘어가지만, 3학년 때부터는 보다 엄격하게 아이들을 지도하는 편입니다. 아이들이 공공질서 및 규칙의 중요성을 알고 잘 실천하도록 해야 합니다.

슬기로운 4학년 준비

학교에서 고학년이라고 불리는 초등 4학년 새학기 준비를 어떻게 해야 하는지 학습 측면과 생활 측면에서 살펴보겠습니다.

교과 준비사항

첫째, 수학 - 3학년 나눗셈, 분수, 소수 개념 정확히 알기

초등 4학년에서 배우는 과목은 3학년과 동일하지만, 4학년이 되면 교과 내용이 어려워집니다. 특히 수학을 포기하는 아이들이 조금씩 나오기 시작합니다. 3학년 때 나눗셈, 분수, 소수를 배우는데, 이 개념들을 확실하게 이해하지 못한 채 4학년이 되었기 때문입니다. 이듬해 3월에 4학년이 되는 아이를 둔 부모님들은 반드시 하셔야 할 일이 있습니다. ==우리 아이가 3학년 수학의 나눗셈, 분수, 소수의 개념을 정확하게 알고 있는지 미리 확인하셔야 합니다.== 이 개념들의 확인 작업이 가장 중요합니다. 모르는 부분이 있으면 확실하게 보충해서 정확히 알고 4학년 공부를 시작해야 합니다.

둘째, 국어 - 글밥이 긴 책을 읽도록 유도하기

4학년 때부터는 글밥이 긴 책을 읽기 시작하는 시기입니다. 국어 교과목에서는 3학년에 이어 4학년 1학기 7단원 「사전은 내 친구」가 있는데, 여기서는 낱말의 뜻을 사전에서 찾고 낱말의 관계를 파악하는 내용들이 나옵니다. 그리고 6단원 「회의를 해요」에서는 학급회의 절차와 규칙, 참여자의 역할을 배우게 됩니다. 8단원에서는 「문장의 짜임」에 대해 알아보고, 제안하는 글을 쓰고 발표하는 내용도 있습니다. 이 때문에 4학년 국어에서 독서가 더욱더 중요해집니다.

4학년쯤 되면 책을 꾸준하게 읽는 아이가 있는 반면, 전혀 읽지 않는 아이도 있습니다. 책에 흥미를 잃고 휴대폰 게임에 빠지는 아이들이 나오기 시작하는 때가 바로 이때입니다. 4학년 때는 우리 아이의 독서 습관은 어떤지 파악하셔야 합니다. 독서 습관을 잡아주는 동시에 아이가 책을 읽고 다양한 독후활동을 하게 하는 것도 필요합니다.

셋째, 싫어하는 과목 보충하기

4학년부터는 영어도 단원마다 단어를 10개 정도씩 암기할 수 있도록 해야 합니다. 4학년 때는 특정 과목을 싫어하고 포기하는 경우가 생길 수 있는데, 우리 아이가 좋아하는 과목이나 싫어하는 과목이 무엇인지 부모님들이 파악하고 싫어하는 과목을 보충해주셔야 합니다. 아직 늦지 않았기 때문에 4학년 때부터 특정 과목을 포기하는 것은 있을 수 없는 일입니다.

4학년이 되면서부터는 수업 중에 딴짓하는 아이들이 많습니다. 그런 점에서 평소 아이들의 집중력 배양을 위해서 글밥이 긴 책을 읽거나 가정에서 많은 대화가 필요합니다.

생활 준비사항

첫째, 예의 교육 & 교우관계 파악하기

4학년 아이들에게는 예의가 중요합니다. 예의가 꼭 4학년에서만 중요한 것은 아니지만, 4학년 때는 특히 유튜브 동영상을 시청하거나 게임을 많이 해서 부쩍 욕을 하는 아이들이 많아집니다. 욕설 등의 행동이 옳지 않다는 것을 아이들에게 꼭 알려주세요.

아이들끼리의 교우관계가 중요하다 보니, 특히 친한 아이 몇 명끼리 몰려서 다니는 경우도 많습니다. 여자아이들은 친한 또래끼리 함께 다니고 다른 친구들에게는 배타적인 성향을 보이기도 합니다. 또, 본인의 주장이 강해지고 쓸데없는 고집을 부리기도 합니다. 그래서 친구 사이나 부모님과의 사이에서 갈등이 나타나기도 하지요. 도대체 왜 저러냐며 혀를 차거나 윽박지르기보다는 아이와의 대화 시간을 따로 내서 아이가 평소 어떤 생각을 하며 무슨 고민이 있는지 듣는 것도 필요합니다.

둘째, 아이의 변화를 지켜보기

4학년부터는 아이들이 서서히 반항하는 시기입니다. 요즘 아이들은 성장이 빨라서 몇몇 아이들은 사춘기가 시작되는 시기이기도 합니다. 따라서 담임 선생님과의 상담 및 꾸준한 연락을 통해 아이의 학교생활에 대해서도 필요하다면 이야기를 나누셔야 합니다. 학교에서의 아이 모습과 가정에서의 아이 모습이 아주 다른 경우도 많기 때문입니다.

슬기로운 5학년 준비

사춘기가 시작되고 자신의 생각을 강하게 주장하는 5학년입니다. 초등 5학년 새학기를 맞아 무엇을 해야 하는지를 학습 측면과 생활 측면에서 살펴보겠습니다.

교과 준비사항

첫째, 수업 시간 증가 & 어려워진 교과 내용

5학년 때는 하교 시간이 3~4학년에 비해 늦습니다. 3~4학년 때는 일주일에 5교시까지 수업을 하는데 반해, 5~6학년 때는 6교시까지 수업합니다. 4학년 때의 9개 과목에서 실과가 추가되어 10개

과목을 배웁니다. 실과는 어렵거나 분량이 많지 않고 실습을 위주로 하는 과목이라 아이들이 좋아하는 편입니다.

5학년이 되면 교과목 내용들이 전반적으로 어려워집니다. 즉, 심화된 내용들이 많이 나오죠. 국어에서는 글을 요약하거나 글쓰기의 과정을 알아보며, 토의하고, 기행문을 쓰는 단원들이 1학기에 나옵니다.

수학에서는 수와 연산 파트 중 연산의 최종 단원인 「자연수의 혼합계산」이 1학기 1단원에 나옵니다. 사칙연산을 종합적으로 해야 하기 때문에 아이들이 그동안 배운 덧셈과 뺄셈, 곱셈과 나눗셈 등을 정확하게 이해하지 못하고 5학년이 된다면, 어려움을 겪을 수 있습니다.

과학에서도 내용이 심화되며 각 영역의 내용들을 골고루 배웁니다. 사회는 1학기 때 「국토와 우리 생활」, 「인권 존중과 정의로운 사회」라는 단원을 배우고, 2학기에는 오직 한국사 내용들을 배우게 됩니다.

둘째, 3~4학년 때 내용을 재점검하고 복습 철저히 하기

5학년 때는 3~4학년 때에 비해 배워야 하는 내용의 분량이 많고, 그 수준도 훨씬 깊고 어렵습니다. 5학년 아이들은 3~4학년에 배웠던 내용들을 정확하게 알고 있는지 다시 한번 점검하고 복습을 철저하게 해야 합니다. 특히 수학에서는 3~4학년에서 배웠던 내용들을 바탕으로 5학년 때 심화된 내용을 배우기 때문에 수학

교과서와 문제집 등을 통해 각자 자신의 수준을 파악해서 부족한 부분을 꼼꼼하게 공부해야 합니다. 영어 역시 3~4학년에서 배운 기본적인 단어를 정확히 알고 있는지, 주요 표현key expression을 능숙하게 말할 수 있는지 확인해서 반복 연습해야 합니다. 영어도 학년마다 배웠던 내용들이 반복해서 나오며 조금씩 심화됩니다. 그 외에 국어는 제시문이 길어지고 단어의 수준도 어려워지므로, 평소 폭넓은 독서와 국어사전을 찾아가며 단어를 익혀야 합니다.

셋째, 아이가 싫어하고 어려워하는 과목 파악하기

5학년이 되면 아이들 스스로 본인이 공부를 잘하는지 못하는지 파악하고 다른 친구들에 대해서도 판단을 내립니다. 본인이 싫어하거나 못하는 과목들이 있으면 포기합니다. 부모님의 입장에서 초등학교 5학년 아이가 벌써 특정 과목을 포기하는 것이 이해가 안 되지만 아이들은 스스로 그렇게 행동합니다. 따라서 우리 아이가 어떤 과목을 잘하고 좋아하는지, 어떤 과목을 싫어하고 어려워하는지 파악하는 것이 정말 중요합니다. 5학년부터 전체적인 내용이 어려워지기 때문에 아이가 특정 교과목을 포기해서는 중학교에 진학해서 정말 따라갈 수 없게 됩니다.

생활 준비사항

첫째, 사춘기가 시작되는 시기

5학년 때부터 사춘기가 오는 아이들이 많습니다. 이 시기부터는 부모님과의 대화보다는 친한 친구나 또래를 더 중요하게 생각합니다. 아이들 대부분이 휴대폰을 갖고 있기 때문에 반 친구들과의 단톡방에서 이야기하거나 친한 친구들끼리 온라인 대화를 많이 나눕니다. 부모님들은 아이에게 어떤 온라인 활동을 하는지 자연스럽게 묻고 아이가 편하게 이야기할 수 있도록 유도하시면 좋습니다. 그러면서 온라인 예절 교육도 병행할 수 있습니다.

5학년에 접어든 아이들은 부모, 교사 등 어른에게 반항하는 행동을 보이기도 합니다. 본인의 주장이 뚜렷하고 의사 표현을 분명하게 합니다. 그럴 때 아이의 주장을 경청하고 어느 정도 수용하는 자세도 필요합니다. 물론 현실에서 아이가 또박또박 말대꾸를 하면 화가 나고 이성을 잃을 수도 있으니 각별히 주의하셔야 합니다.

둘째, 어렵지만 아이와 최대한 대화하기

이 시기가 되면 이성에 대한 호기심도 많아지고, 실제 이성교제를 하는 경우도 생깁니다. 부모님이 봤을 때는 사소한 일로 다투고, 헤어지고 다시 만남을 반복하는 경우도 있는데 관심은 갖되 간섭은 자제하셔야 합니다. 생활 측면에서 가장 중요한 것은 ==아이가 부모와 대화를 하지 않으려는 시기이지만 아이와 최대한 대화를==

==많이 해야 한다는 점입니다.== 아이가 좋아하는 연예인, 게임 등에 부모님이 관심을 가지고, 먼저 그런 방향에서 자연스럽게 대화의 물꼬를 트는 것도 좋은 방법입니다.

이 시기 아이들은 연예인에 대해서도 관심이 많고, 특히 여자아이들은 화장이나 액세서리, 옷 등 본인을 꾸미는 것에도 많은 시간과 노력을 투자합니다. 무조건 막기보다는 아이가 어떤 제품을 쓰는지 등을 파악하고, 질 낮은 제품을 사용하면 피부에 문제가 생길 수 있으니 아이와 함께 매장에 가서 사주시는 것도 좋습니다. 우리 아이가 특별히 친하게 지내는 친구는 누구인지를 파악하는 것은 고학년이라고 다르지 않습니다. 친하게 지내는 아이의 연락처는 알아두면 좋습니다. 우리 아이의 학교생활에 대해서도 담임 선생님과 자주 연락을 취하면서 정보를 교환하는 것도 좋은 방법입니다.

슬기로운 6학년 준비

6학년은 초등학교에서 가장 고학년으로, 아이들은 본인들이 다 컸다고 생각합니다. 6학년 아이들에게 어린이라고 하면 싫어하죠. 그렇지만 어린이날은 꼭 챙긴다는 불편한 진실! 초등 6학년 새학기 준비를 어떻게 해야 하는지 학습 측면과 생활 측면에서 살펴보겠습니다.

교과 준비사항

첫째, 어려운 교과 내용 확인하기

6학년은 교과 내용이 어렵습니다. 국어에서는 1학기 때 비유하는 표현, 주장과 근거 판단하기, 속담 활용, 내용을 추론하기 등의 단원이 나옵니다. 교과서의 각 단원 제시문은 4~5페이지 정도로 긴 편입니다. ==긴 제시문을 제대로 파악하고 이해하려면 독서가 뒷받침되어야 합니다.== 하지만 6학년 때는 책을 읽지 않는 아이들이 대부분입니다. 독서를 하는 것은 어린애들이 하는 시시한 활동이라고 생각해서 독서보다는 휴대폰 게임, 본인 꾸미기, 좋아하는 연예인에 집중합니다. 하지만 아이들이 책을 읽을 수 있는 시기는 초등학교 때부터 자유 학년제인 중학교 1학년 때까지입니다. 우리 아이가 독서를 소홀히 하고 있다면 부모님이 함께 책을 읽으며 독서 습관을 잡아주셔야 합니다.

수학도 교과서 내용이 어려워집니다. 1학기 때 각기둥과 각뿔, 직육면체의 부피와 겉넓이 등이 나오고, 2학기 때 원의 넓이, 원기둥, 원뿔, 구가 나옵니다. 특히 6학년 수학에서는 도형 영역의 내용들이 어려워집니다. 따라서 아이들이 도형 영역을 공부할 때 정확하게 이해하고 있는지 부모님들이 확인하셔야 합니다.

사회는 6학년 때 정치, 세계지리 관련 내용들을 배우게 되므로 관련 독서를 통해 미리 배경지식을 쌓는 것이 좋습니다. 과학에서는 2학기 4단원 「우리 몸의 구조와 기능」이 있는데, 여기서 성교육과 연관시켜서 아이들을 지도할 필요가 있습니다.

둘째, 자기주도학습 능력 키우기

6학년 학습 측면에서 가장 중요한 것은 ==자기주도학습 능력을 키==

==워주는 것입니다.== 아이가 스스로 매일 방과후 집에서 또는 주말에 본인이 몇 시부터 몇 시까지 무엇을 공부할 것인지 스스로 계획을 세우고, 실천하며, 밤에 잠자기 전 계획의 실천 여부를 점검하는 것이 필요합니다. 이것이 바로 자기주도학습입니다. 부모님이 아이의 공부 계획과 스케줄을 짜서 시키는 것이 아니라 아이 스스로 계획을 짜서 실천하도록 하는 것이 중요합니다. 초반에는 아이가 계획을 세울 때 너무 무리하지 않게, 실천 가능하도록 옆에서 조언해줄 필요는 있습니다.

생활 준비사항

첫째, 아이의 의견 존중하기

6학년 아이들은 본인들이 다 컸다고 생각하는 경우가 많기 때문에 일단 아이들의 의견을 존중해줘야 합니다. 아이들의 이야기를 끝까지 경청하며, 본인의 말과 행동에 스스로 책임지도록 해야 합니다.

6학년 아이들은 또래 친구들과 노는 것을 가장 중요하게 생각합니다. 단짝 친구들과는 항상 붙어 다니고, 본인과 맞지 않는 친구들과는 이야기도 하지 않고 배타적인 태도를 보이기도 합니다. 특히 여자아이의 경우에는 그 정도가 더 심한 편입니다. 카카오톡에도 "내사랑, 유미", "채연, 넌 나의 베프야!" 등으로 프로필을 올려

놓습니다. 그 행동을 부모님들이 제지할 수는 없습니다. 다만 우리 아이가 누구와 친한지, 지금 누구와 어디서 무엇을 하고 노는지 등은 정확하게 파악하고 계셔야 합니다.

둘째, 용돈 교육 & 성교육

아이들은 6학년이 되면 좋은 옷, 운동화, 휴대폰 등에도 신경을 씁니다. 아이에게 적당한 용돈을 주시고, 돈이 얼마나 소중한지도 가정에서 교육해주세요.

아이들이 6학년 정도 되면 성에 대한 호기심이 폭발하는 시기이니 부모님도 가정에서 아이들에게 성교육을 시키셔야 합니다. 6학년 때는 대부분의 아이들에게 2차 성징이 나타나며 사춘기가 오는 경우가 많기 때문에, 부모님들은 우리 아이의 신체 변화를 유심히 살펴보고, 필요할 경우 도움을 주셔야 합니다. 또한 부모님이 성에 관해 언급하는 것을 회피하거나 꺼리는 모습을 보이기보다는 아이가 궁금해하는 점을 해소해주는 역할을 하셔야 합니다.

6학년이 되면서 아이와의 관계가 멀어지고 심지어 적처럼 지낸다고 호소하는 부모님들도 있습니다. 부모와 아이는 적이 아니라 평생을 함께하는 동반자 관계라는 점을 인식하고, 원만한 관계를 위해 부모님이 좀 더 이해하고 한발 더 다가서려는 노력이 필요합니다.

Chapter 2

방학은 어떻게 보내야 할까요?

슬기로운 1~2학년 여름방학 보내기

1학년 여름방학

1학년 아이들이 여름방학 때 꼭 해야 할 것이 있습니다. 바로 한글 교육입니다.

1학년 아이들은 이미 학교 국어 시간에 교과서를 통해 한글을 배웠습니다. 하지만 아이들의 한글 이해 정도는 천차만별입니다. 우리 아이가 한글을 정확하게 알고 있는지, 읽고 쓸 수 있는지 꼭 확인해서 공부를 시켜야 합니다. 한글을 모르면 수학이나 통합교과를 공부할 때도 큰 문제가 생기기 때문에 한글 공부가 정말 중요합니다.

한글을 잘 아는 아이라면 꾸준하게 책을 읽게 하는 것이 좋습니다. 집에서 독서할 때는 <mark>소리 내서 전래동화나 세계 명작 동화 같은 책을 읽게 합니다.</mark> 단, 1학년 아이들에게 책을 읽고 독서 기록장을 쓰게 하거나 독서 감상문을 쓰게 하는 것은 시기상조입니다. 자칫 아이들이 독후활동에 부담을 느껴 책 읽는 것 자체를 싫어할 수도 있습니다. 가볍게 책의 줄거리나 책을 읽은 후의 생각이나 느낌을 자유롭게 이야기하도록 하면 충분합니다.

1학년 수학에서 가장 중요한 것은 <mark>100까지의 숫자를 제대로 읽고 쓰는 것과 기본적인 덧셈과 뺄셈을 하는 것입니다.</mark> 굳이 2학기 내용을 선행학습할 필요는 없습니다. 시계 보기 역시 1학년 2학기 때 "몇 시, 몇 시 30분"까지 배우고, 2학년 때 더 세부적인 시간을 배웁니다.

간혹 아이들 중 덧셈과 뺄셈의 계산 속도가 느린 경우가 있습니다. 덧셈과 뺄셈을 할 때 손가락을 이용해서 계산하거나 물체의 그림을 그려서 더하거나 빼는 방식으로 푸는 것입니다. 초등 수학에서는 연산이 가장 중요합니다. 덧셈과 뺄셈의 문제 푸는 속도가 지나치게 느린 아이들은 1학기 수학과 수학 익힘책을 집에 가져오게 해서 여름방학 동안 처음부터 다시 풀어볼 필요가 있습니다. 잘하는 아이들이라면 연산 문제집을 사서 풀어보면 좋습니다.

통합 교과는 굳이 복습하거나 예습할 내용은 딱히 없습니다. 다만 아이들이 규칙적인 생활을 유지하도록 해야 합니다. 아이들이 학교에 다니며 규칙적인 생활이 몸에 익숙해졌는데 방학 기간에 너무 풀어지면 2학기 때 학교에 가서 다시 적응하기 힘들어합니다.

학교에서처럼 1교시, 2교시 등의 정해진 생활은 못하더라도 매일 오전 10시부터 11시까지 교과서 공부, 오후 2시부터 1시간 동안 독서 등 시간을 정해서 책상 앞에 앉도록 하는 것이 중요합니다.

2학년 여름방학

2학년 국어에서도 한글이 중요합니다. 2학년 아이들 중에 의외로 아직 한글을 정확하게 읽고 쓰지 못하는 아이들이 있습니다. 2학년 때부터는 학교에서 받아쓰기 시험을 보는 경우가 많습니다. 우리 아이가 한글을 정확하게 읽고 쓸 수 있는지 꼼꼼하게 꼭 확인하셔야 합니다. 집에서 규칙적으로 ==부모님과 받아쓰기 평가를 하는 것도 좋습니다.== 그것을 통해 자연스럽게 아이들이 한글 맞춤법 공부도 할 수 있습니다.

2학기 국어 교과서를 굳이 예습할 필요는 없습니다. 가장 중요한 것은 역시 독서입니다. 가능하면 아이들이 학습만화를 보지 않고, ==줄글로 된 책을 읽도록 해야 합니다.== 어릴 때부터 학습만화만 보는 아이들은 학년이 올라가도 계속 학습만화만 봅니다. 전래동화나 창작동화를 많이 읽고 어떤 줄거리인지 이야기하면서 배경지식을 쌓는 것이 중요합니다.

수학은 2학년 2학기 때 저학년 수학의 핵심이자 수학의 꽃인 곱셈구구, 구구단이 나옵니다. 구구단은 학교에서 선생님들이 자세하게 알려주시겠지만 여름방학 때 예습을 하는 것도 괜찮습니다. 2학년 2학기 때 배우는 구구단이 2학년 모든 교과 내용 중에서 가장 중요합니다. 구구단이 안 되면 곱셈이 안 되고 나눗셈도 안 되며, 나중에 분수에도 영향을 미치기 때문입니다. 큰 연쇄작용을 일으키는 것입니다. 간혹 3학년 아이들 중에서도 구구단을 완벽하게 외우지 못하는 경우가 있습니다. 유튜브에는 구구단 송 등 다양한 영상 자료가 많이 있습니다. 그런 자료들을 활용해서 재미있게 구구단을 익힐 수 있게 유도해주시면 좋습니다. 물론 덧셈과 뺄셈은 2학년 때도 중요합니다. ==연산 영역을 반복 연습해서 연산 속도와 정확성을 올리는 것도 중요합니다.==

슬기로운 1~2학년 겨울방학 보내기

보통 겨울방학이 여름방학보다 훨씬 깁니다. 학교나 지역에 따라 기간이 일부 다른데, 어떤 학교는 봄방학 없이 1월 중순부터 3월 신학기 전까지 방학을 하는 곳도 있습니다. 긴 겨울방학을 어떻게 보낼지 부모님께서 고민하고 방향을 잘 잡아주셔야 합니다.

먼저 1~2학년 아이들의 슬기로운 겨울방학을 위해 가장 필요한 것은 부모님과 함께 "생활 계획표 짜기"입니다. 부모님들이 국민학교나 초등학교 다니던 시절에는 방학 전에 생활 계획표 짜기 숙제가 있었을 것입니다. 그때 어떠셨나요? 열심히 계획표를 만들었지만 제대로 실천한 경우는 적었을 것입니다. 저학년들의 경우 생활 계획표를 짤 때 부모님이 함께 참여해서 만드는 것이 좋습니다. 계획보다 중요한 것은 실천입니다. 아이가 무리 없이 실천할 수 있는 계획인지 면밀히 살펴봐서 계획표를 세울 수 있도록 해야 합니다.

성장기 어린이들은 겨울방학 등 시간적 여유가 있을 때 ==안과, 치과 등의 검진을 받는 것도 좋습니다.== 아이들의 시력은 금방 나빠지기도 합니다. 지난해 3학년 저희 반 아이들도 학교에서 시력 검사를 했는데 양쪽 0.4인 아이가 있었습니다. 안경을 쓴 아이는 교정 시력이 0.6이었습니다. 부모님들은 아이가 말하지 않으면 칠판 글씨가 잘 안 보이는지 어떤지 잘 모릅니다. 겨울방학 기간을 이용해서 꼭 안과 검진을 받아보시기 바랍니다. 저학년 때는 유치가 빠지고 영구치가 나오는 시기이니 치과 검진도 필요합니다.

1학년 겨울방학

1학년 겨울방학 때는 한글을 제대로 익혔는지 확인하셔야 합니다. 아이의 수준에 맞는 책을 소리 내서 규칙적으로 읽도록 하면 좋습니다. 2학년부터 받아쓰기 시험을 보는 경우가 많으니 2학년 받아쓰기 급수표를 인터넷에서 찾아서 미리 활용하시면 됩니다.

2학년 때는 일기 쓰기를 과제로 하는 경우가 많으니 1학년 겨울방학부터 일기 쓰는 습관을 갖도록 지도해줍니다. 그림일기를 써도 되지만 가능하면 줄글로 된 일기가 좋습니다.

수학은 1~2학년의 내용 차이가 크지 않으니 굳이 2학년 내용을 선행학습할 필요는 없습니다. 1학년 때 배운 덧셈과 뺄셈을 제대로 할 수 있는지 확인하시면 됩니다. 자를 이용한 선 긋기 연습, 가위질이나 종이접기를 통한 소근육 운동도 해두면 도움이 됩니다. 나중에 미술이나 글씨 쓰기를 위해서도 꼭 필요한 부분입니다.

1학년 겨울방학 때는 학습보다는 규칙적인 생활습관이 더 중요합니다. 아이들이 생활 계획표에 따라 정해진 시간에 일어나서 생활하고 취침할 수 있도록 지도해주셔야 합니다.

2학년 겨울방학

2학년 겨울방학 때 가장 중요한 것은 2학기 때 배웠던 구구단의 완벽한 암기입니다. 국어는 한글 받아쓰기를 대비한 공부를 지속하면 됩니다. 독서 선행학습도 좋습니다. 3학년 국어 교과서에 수록된 책을 찾아서 미리 읽는 것입니다. 저학년 때는 전래동화와 고전을 읽을 필요도 있습니다. 6학년 선생님과 이야기를 해보니 반의 어떤 아이가 《심청전》을 모른다고 하더라고요. 농담이 아니라 《심청전》을 읽어보지 않아서 정말 모르는 것입니다.

2학년 겨울방학 때 꼭 해야 하는 공부는 영어입니다. 당장 3학년부터 영어를 배우기 때문에 2학년 겨울방학 때 영어 알파벳과 파닉스 공부도 하면 좋습니다. 꼭 학원을 보낼 필요는 없습니다. 영어 기초만 공부하면 되니 충분히 집에서 엄마표 영어로 교육할 수 있습니다.

여유 시간에는 손으로 하는 조작 활동을 하면 좋습니다. 예를 들어, 클레이 점토, 유토油土 등을 가지고 만들기를 하는 것도 좋고, 컬러링북에 색칠하는 것도 집중력 향상 및 아이들의 정서 순화에 많은 도움이 됩니다.

슬기로운 3~4학년 여름방학 보내기

3학년 여름방학

3학년 국어는 특별히 따로 교과서를 복습하거나 예습할 필요는 없습니다. 다만 국어 3학년 1학기 7단원에서 「반갑다, 국어사전」을 배우니 아이들이 국어사전에서 어휘를 능숙하게 찾을 수 있는지 확인하고, 집에 국어사전이 없는 경우 한 권씩 구입해서 사전 찾는 습관을 갖게 해주는 것이 좋습니다.

==3학년에서 가장 중요한 과목은 "수학"입니다.== 아이들이 수학에서 특히 어려워하는 부분이 나눗셈, 분수와 소수입니다. 바로 그 나눗셈과 분수, 소수가 처음 나오는 시기가 3학년 1학기입니다. 1학기 때 나눗셈을 제대로 이해하지 못하는 아이들은 2학기에도

나눗셈을 하지 못합니다. 1학기 때 분수와 소수를 처음 배우는데 그 내용을 잘 모르는 아이들은 2학기 때 배우는 분수를 알지 못합니다. 따라서 여름방학 때 반드시 1학기 수학 내용을 완벽하게 알고 있는지 꼭 확인하셔야 합니다.

사실 국어, 사회, 과학 등의 교과는 1학기 일부 단원의 내용을 몰라도 2학기 때 공부하는 데 큰 문제가 없습니다. 그런데 수학은 다릅니다. 수학은 엄격한 계열성에 따라 구성되어 있어서 ==3학년 여름방학 때 1학기 수학 내용을 철저히 복습해야 합니다.== 굳이 2학기 내용을 예습할 필요는 없습니다. 1학기 수학 교과서와 수학 익힘책을 집에 가져오게 해서 방학 기간 동안 모든 단원의 내용들을 확실하게 알고 있는지 꼭 확인하고 점검하셔야 합니다.

아이가 수학 내용을 잘 안다면, 심화 문제집을 사서 여름방학 기간에 풀어보도록 하면 됩니다. 특히 수학은 연산이 중요하므로, 수학 연산이 부족하면 수학 전반에 학습부진이 누적될 수 있습니다. 즉, 3학년 때는 연산에 사활을 걸어야 합니다. 가급적 매일 1시간 정도씩 규칙적으로 꾸준하게 공부하는 것이 좋습니다.

3학년 때 처음으로 영어를 정규 교과로 배웁니다. ==영어 알파벳과 학교에서 배운 기본적인 단어와 문장을 확실하게 알고 있는지 점검하셔야 합니다.== 솔직히 영어는 학교 공부만으로 부족합니다. 다른 과목들은 선행학습을 해도 별다른 효과가 없는데 영어는 2학기에 배울 내용을 미리 살펴보는 것도 좋습니다. 영어 수업 시간에 원어민 선생님이나 전담 선생님이 수업할 때 대답하는 아이들은 극소수입니다. 다른 수업과는 달리 영어 수업 때 한 마디도 안 하는 아이들도 많습니다. 자신감도 부족하고, 영어가 낯서니까 입을 닫아버리는 것입니다.

4학년 여름방학

4학년 때도 국어, 사회, 과학 등은 특별하게 1학기 내용을 복습하거나 2학기 내용을 예습할 필요가 없습니다. 역시 중요한 과목은 수학입니다.

4학년 1학기 수학에서 아이들이 가장 어려워하는 단원은 「곱셈과 나눗셈」입니다. 3학년 여름방학 때처럼 4학년 여름방학 때도 수학 교과서와 익힘책을 집에 가져오게 해서 모든 단원, <mark>특히 3단원 「곱셈과 나눗셈」을 완벽하게 알고 있는지 확인하셔야 합니다.</mark> 물론 다른 단원들도 중요합니다. 2단원 「각도」를 잘 모르면, 당장 2학기 때 2단원 「삼각형」, 4단원 「사각형」, 6단원 「다각형」 단원에서 학습 곤란을 겪게 됩니다.

국어는 독해력 문제집을 푸는 것이 좋습니다. 인터넷 포털 사이트에 "초등 독해력 문제집"이라고 검색하면 많은 종류의 책이 나옵니다. 《디딤돌 초등 독해력》, 《초등국어 독해력 비타민》, 《뿌리깊은 초등국어 독해력》, 《독해력 자신감》 등의 책을 많이 봅니다. 어떤 책을 선택해도 큰 차이는 없습니다. 4학년 여름방학 때 독해력 문제집을 풀도록 권하는 이유는 5학년부터는 국어 제시문이 길어지고 복잡해지기 때문입니다. 따라서 ==4학년 여름방학부터는 다양한 제시문을 읽고 그 의미를 파악하며 독해력을 키워야 합니다.== 독해력 문제집을 풀 때는 지문을 소리 내서 읽고 모르는 단어는 아이 스스로 국어사전을 찾아보는 것이 좋습니다.

 3, 4학년 공통으로 여름방학 때 가장 강조할 것은 독서입니다. 학교에 다닐 때는 바쁘다는 핑계로 독서에 소홀했다면 여름방학 때는 좀 더 집중해서 책을 읽도록 해야 합니다. 3, 4학년 때 독서 습관이 몸에 밴 아이는 고학년이 되어서도 꾸준하게 독서를 하는데 그렇지 않은 아이들은 아예 책 읽는 것을 멈춥니다. 그런 점에서 중학년 때 책 읽는 습관은 상당히 중요합니다.

 3, 4학년부터는 다양한 독후활동을 하는 것도 필요합니다. 독서 기록장을 작성하는 것이 좋고, 책을 읽고 나서 부모님이나 형제자매에게 책의 줄거리를 소개하는 방법도 괜찮습니다. ==아이들이 초등 중학년 때 꾸준하게 독서를 해둬야 독서로 익힌 문해력으로 다른 교과를 이해할 수 있습니다.==

 꾸준하게 일기를 쓰도록 하는 것도 필요합니다. 일기 쓰기는 한글 맞춤법뿐만 아니라 글쓰기 능력이 향상되고 하루를 반성하며 본인을 성찰하는 등 여러 가지 장점이 많은 활동입니다. 학교의 여름방학 숙제가 아니라도 일기는 꼭 쓰도록 권해주시기 바랍니다.

슬기로운 3~4학년 겨울방학 보내기

3학년 겨울방학

슬기로운 3학년 겨울방학을 보내기 위해서 가장 중요한 것은 3학년 수학 내용의 복습입니다. 대부분의 3학년 아이들이 연산은 잘하는데 도형 영역에서 정확한 개념을 이해하지 못하는 경우가 많습니다. 4학년 때는 많은 아이들이 연산보다 도형에서 점수가 낮고, 도형의 정확한 개념을 잘 모르기 때문에 도형이 복잡해지면 혼동하게 됩니다. 3학년 때 배운 평면도형과 원의 개념을 활용해서 4학년 때 각도, 삼각형, 사각형 등을 배우게 됩니다. 3학년 분수에서 배우는 진분수, 가분수, 대분수의 개념을 정확하게 알아야 4학년 때 분수의 덧셈과 뺄셈을 할 수 있습니다. 따라서 아이들이 수학의 기본적인 개념들을 정확하게 알고 있는지 꼭 확인하셔야 합니다.

영어에서는 3학년 교과서 각 단원의 기본적인 단어와 문장 표현들을 알고 있는지 확인해야 합니다. 학기 중에는 영어에 시간을 투자하기 어렵기 때문에 겨울방학 때 3학년 내용을 복습하면서 영어 동화책 읽기 등을 통해 계속 공부하며 노력해야 합니다.

4학년 겨울방학

4학년 겨울방학에는 5~6학년 내용을 선행학습하기보다는 그동안 배웠던 3~4학년의 기본적이고 중요한 내용들을 정확하게 알고 있는지 다시 한번 확인하고 다지는 시기로 삼으면 좋습니다. 어떤 아이들은 지금 배우고 있는 내용도 완벽하게 모르는데 부모님의 과도한 욕심 때문에 심하게 선행학습을 하는 경우가 있기 때문입니다. 그리고 5학년 사회를 대비해서 한국사 책 읽기도 필요합니다.

4학년 겨울방학 때는 학생건강체력평가제도, 일명 "팝스"에 대비하는 것도 좋습니다. 팝스PAPS는 'Physical Activity Promotion System(학생건강체력평가제)'의 약자입니다. 초등 5학년과 6학년 때 한 번씩 실시하는데, 보통 1학기 때 하는 경우가 대부분입니다. 5학년 아이들은 팝스를 처음 하게 되니까 4학년 겨울방학 때부터 팝스를 대비해서 평소 집 주변에서 오래달리기, 제자리 멀리뛰기 등을 가볍게 미리 해보는 것도 필요합니다. 날씨가 춥다고 집에만 있지 말고 무리하지 않는 범위에서 줄넘기 등을 통해 체력을 키우는 것도 좋습니다.

3~4학년 아이들은 쉬는 시간 교실에서 보드게임을 많이 합니다. 보드게임을 많이 알고 잘하는 아이는 다른 친구들 사이에서 인기를 얻게 됩니다. 겨울방학 동안 가족과 함께 건전한 보드게임을 하며 친목을 도모하고 시간 활용하는 것도 좋은 방법입니다. 종이 접기를 하거나 코딩에 도전하는 것도 좋습니다. 엔트리entry, 스크래치scratch 등 기초적인 코딩을 직접 해보면 대부분 아이들은 흥미를 느끼며 좋아합니다.

3~4학년은 사회 시간에 "지역 교과서"를 배우기 때문에 가족끼리 집 근처로 역사 여행을 떠나는 것도 사회 공부에 도움이 됩니다. 책으로 보는 것과 눈으로 실제 보는 것은 많이 다르기 때문입니다. 풍부한 독서는 어느 학년이든 중요하기 때문에 4학년 때는 전기문을 읽거나 과학 잡지를 구독해서 보도록 하는 것도 폭넓은 독서를 위해 필요합니다.

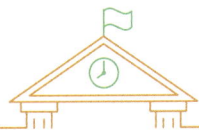

슬기로운 5~6학년 여름방학 보내기

5학년 여름방학

국어는 교과서 내용을 복습하거나 예습할 필요는 없습니다. 다만 고학년에서는 아이들이 직접 글을 쓰는 경우가 많습니다. 5학년 여름방학 때 아이들에게 <mark>일기 쓰기를 비롯하여 책을 읽고 독서기록장을 쓰거나 가족 여행을 다녀온 후에 기행문을 쓰는 등 다양한 글쓰기를 시키는 것이 좋습니다.</mark> 고학년으로 갈수록 아이들이 글을 쓸 기회가 적기 때문에 방학 기간을 이용해서 글을 쓰도록 시켜야 합니다.

수학은 5학년 때부터 내용이 상당히 심화됩니다. 5학년 수학을 못하는 아이들은 분명 3학년이나 4학년 수학 내용에서 학습결손이 있습니다. 그런 아이의 경우에는 5학년 수학 내용이 아니라 3~4학년의 내용을 다시 살펴봐야 합니다. 여름방학을 이용해서 우리 아이의 수학 실력을 확인해보시고, ==부족할 경우에는 3~4학년 내용으로 보충학습을 해야 합니다.== 잘하는 아이의 경우에는 심화 문제집을 풀도록 시킵니다. 지나친 선행학습보다는 철저한 복습이 더 중요합니다.

5학년 여름방학 때는 ==한국사를 공부해야 합니다.== 5학년 2학기 사회 시간에는 오직 한국사만 배웁니다. 1단원은 「옛사람들의 삶과 문화」, 2단원은 「사회의 새로운 변화와 오늘날의 우리」입니다. 아이들이 한국사 내용을 전혀 모르다가 사회 시간에 처음으로 고조선, 삼국 시대, 고려 시대 등의 낯선 내용을 접하면 공부할 내용이 많아서 힘들어합니다. 사회 2학기 교과서를 여름방학 때 미리 선행학습을 하라는 이야기가 아니라 아이들이 쉽게 이해할 수 있는 한국사 책을 읽도록 해서 자연스럽게 2학기 사회에 대비하시라는 것입니다. 제가 추천하는 책은 《용선생의 시끌벅적 한국사》와 《큰별쌤 최태성의 초등 별★별 한국사》입니다.

5학년 때도 독서가 중요합니다. 아이가 평소 안 보던 종류의 책이나 새로운 장르의 책에 도전하도록 격려해주시기 바랍니다. 책의 단계를 높여서 글밥이 많은 책을 긴 호흡으로 읽을 수 있도록 하는 것도 괜찮습니다.

6학년 여름방학

　6학년은 초등학교에서 가장 고학년이고, 다음해에 중학교에 진학해야 합니다. 6학년 여름방학 때는 수학도 물론 중요하지만 다른 과목들에서도 1학기 내용을 정확하게 알고 있는지 확인하고 복습하도록 해야 합니다.

　국어는 교과서와 국어 익힘책의 제시문을 읽어보면 됩니다. 고학년 때는 발표를 해야 하는 경우가 많은데, 저학년 때와 달리 늘 하던 아이들이 발표를 합니다. 집에서 소리 내서 책을 읽거나 발표 연습을 할 수 있는 기회를 부여하는 것이 좋습니다.

　사회에서는 1학기 때 우리나라의 정치와 경제 발전을 배웁니다. 제법 어려운 개념들이 많이 나오고, 암기할 것도 많고 어렵습니다. 가장 좋은 교재는 교과서이므로 1학기 교과서를 통해 다시 한번 복습할 수 있도록 해야 합니다. 중학교에 진학하면 1학년 때 정치와 경제를 또 배우기 때문입니다.

　과학도 마찬가지입니다. 1학기 때 배우는 지구와 달의 운동, 여러 가지 기체, 빛과 렌즈는 암기할 내용이 많고 3~4학년 때 배웠던 과학과는 차원이 다르게 어렵습니다. 과학 역시 사회처럼 교과서와 실험관찰 책을 집에서 다시 보도록 하며 복습 기회를 제공해주셔야 합니다.

　6학년 여름방학 때 국어, 사회, 과학도 복습해야 하지만, ==복습해야 할 가장 중요한 과목은 역시 "수학"입니다.== 특히 1학기 때 아이들이 어려워하는 「분수의 나눗셈」과 「소수의 나눗셈」이 나옵니다. 그 외 다른 단원들도 어렵습니다. 수학에서는 한 단원도 소홀하게 생각할 수 없습니다. 우리 아이가 모든 단원의 내용들을 정확하게 알고 있는지 교과서와 수학 익힘책을 통해 확인해보시고, 부족할 경우에는 4학년 내용과 5학년 내용으로 기초부터 다시 공부해야 합니다.

잘하는 아이들의 경우에는 심화 문제집을 풀도록 하고, 2학기 내용을 미리 보는 것도 괜찮습니다. 6학년 때 중학교 수학을 선행학습하는 아이들이 많은데 초등교육과정의 수학 내용을 심화까지 완벽하게 알고 있다면 선행학습을 해도 괜찮습니다.

영어에서는 아이가 스스로 꾸준하게 영어 동화책이나 DVD를 통해서 공부를 지속해야 합니다. 다른 과목들은 학교 수업에 충실하면 충분히 익힐 수 있는 반면, 영어는 개인 공부를 따로 해야 합니다. 여름방학 때는 아이가 영어 동화책이나 애니메이션의 재미에 빠져서 반복해서 보도록 하면 좋습니다.

슬기로운 5~6학년 겨울방학 보내기

5학년 겨울방학

고학년 겨울방학 때는 부모님과 상의하여 하나의 큰 주제를 정해서 도전하는 것이 좋습니다. 그 주제가 학습 측면에서는 한자 급수, 한국사능력검정시험, 영어 동화책 20권 읽기, 5학년까지의 초등 수학 심화 총정리 등 어떤 것이라도 상관없습니다. 생활 측면에서는 줄넘기 500개 넘기, 매일 5000보 걷기, 피아노 배우기, 오카리나 배우기 등도 괜찮습니다.

학습 측면과 생활 측면의 도전 목표를 한 가지씩 정해서 긴 호흡으로 도전하며 성취감을 맛보도록 하면 아이의 자존감 상승과 시간 활용에 큰 도움이 됩니다.

그 외에는 2학기 사회 시간에 배운 한국사를 총정리하도록 합니다. 사회 교과서 외에 아이의 수준에 맞는 한국사 책을 읽도록 하면 보다 심화된 한국사를 이해하는 데 좋습니다. 물론 5학년 때 배운 수학 내용의 복습도 필요합니다.

6학년 겨울방학

6학년 겨울방학 때는 해야 할 일이 많습니다. 각 과목마다 초등학교에서 배웠던 내용들을 총정리하며 복습합니다. 특히 수학과 영어는 반드시 꼼꼼하게 확인하고 공부해야 합니다. 초등교육과정에 대한 복습을 끝내면, 중학교 수학과 영어를 미리 공부하는 것도 좋습니다. 선행학습 교재로는 《EBS 중학 신입생 예비과정》이 과목별로 잘 나와 있어서 추천합니다. 그중에서 영어와 수학은 필수로 보고, 국어와 사회, 과학은 아이의 여건과 상황에 따라 선택적으로 보면 됩니다.

아울러 중학교에서는 초등학교 때보다 수행평가를 많이 보기 때문에 폭넓은 독서를 하도록 권해주셔야 합니다. 중학교 1학년의 경우 자유학년제이기 때문에 중간고사와 기말고사를 보지 않고, 논술형 평가, 수행평가 등을 실시합니다. 앞서 수록한 "중학교 1학년 2학기 교과별 평가 내용"에서 볼 수 있듯이, 중학교에서 실시하는 수행평가에서는 대부분 직접 글쓰기를 해야 합니다. 글쓰기를 잘하려면 풍부한 독서가 바탕이 되어야 합니다. 아이가 공부에 대한 부담 없이 여유 있게 책을 읽을 수 있는 마지막 시기가 초등학교 6학년입니다. 이 시기에 테마를 정해서 한국 고전, 현대 소설, 세계 명작 문학 등을 집중적으로 읽는 것도 아이에게 큰 도움이 됩니다.

중학교 때는 수행평가나 발표를 할 때 컴퓨터 파워포인트 프로그램을 활용하는 경우가 많습니다. 아이에게 PPT 및 기본적인 컴퓨터 활용 능력도 교육시켜야 합니다.

고학년 아이들에게는 가정에서 적절한 진로교육을 해주는 것도 필요합니다. 현실적으로 학교에서 학생 한 명 한 명에게 구체적인 진로교육을 하기 어렵습니다. 방학 기간 잡월드나 키자니아에 가서 다양한 직업의 세계를 알아보고 체험하거나 직업 관련한 책을 읽는 것도 좋습니다. 또는 아이의 진로 적성 검사를 실시해서 우리 아이는 어떤 성향이며, 어떤 직업군에 적합한지 테스트를 해보는 것도 괜찮습니다.

아이들이 춥다고 집에만 있지 않도록 적절한 운동을 하는 것도 필수입니다. 등산, 걷기, 줄넘기, 산책 등을 가족이 함께하면 건강도 챙기고 가족 간의 유대감을 쌓을 수 있습니다.

참고 문헌

- 김성효, 《초등공부, 독서로 시작해 글쓰기로 끝내라》, 해냄
- 문주호 외, 《유초등생활백서》, 서울문화사
- 박노성 외, 《대치동 독서법》, 일상과이상
- 박성철, 《초등 엄마 교과서》, 길벗스쿨
- 서상훈, 《공부 고민 50문 50답!》, 경향BP
- 송주현, 《담임선생님에게는 말하지 못하는 초등학교 학부모 상담기록부》, 은행나무
- 송재환, 《한 권으로 끝내는 초등 공부 대백과》, 21세기북스
- 오가와 다이스케, 《거실공부의 마법》, 키스톤
- 오은영, 《못 참는 아이 욱하는 엄마》, 코리아닷컴
- 유니브, 《연고티비 공부법》, 위즈덤하우스
- 윤희솔, 《하루 3줄 초등 글쓰기의 기적》, 청림Life
- 이미애, 《초등 엄마 관계 특강》, 물주는아이
- 이진혁, 《초등 집공부의 힘》, 카시오페아
- 짐 트렐리즈, 《하루 15분 책읽어주기의 힘》, 북라인
- 해피이선생, 《초3보다 중요한 학년은 없습니다》, 사람in

지은이 해피이선생(이상학)

(전) 대한민국 해군 교육사령부 교관 연수 과정 수석교관
(전) 서울 노량진 희소고시학원(쌤플러스) 초등교사 임용고시 대표강사
경인교대 사회교육과 졸업
경인교대 교육대학원 초등특수교육 석사
(현) 초등학교 교사
유튜브 채널: 해피이선생

저서 《초3보다 중요한 학년은 없습니다》(사람in)

나중에 후회 없는 초등 학부모 생활

초판 1쇄 발행 2021년 3월 3일
초판 5쇄 발행 2023년 10월 4일

지은이 해피이선생 (이상학)
발행인 박효상
편집장 김현
기획·편집 장경희, 김효정
디자인 임정현
표지·본문 디자인 엄혜리
마케팅 이태호, 이전희
관리 김태옥

종이 월드페이퍼 **인쇄·제본** 예림인쇄·바인딩 | **출판등록** 제10-1835호
펴낸 곳 사람in | **주소** 04034 서울시 마포구 양화로11길 14-10(서교동) 3F
전화 02) 338-3555(ft) **팩스** 02) 338-3545 | **E-mail** saramin@netsgo.com
Website www.saramin.com

책값은 뒤표지에 있습니다.
파본은 바꾸어 드립니다.

ⓒ 이상학 2021

ISBN 978-89-6049-890-7 13370

MEMO